ほんごうが経営について考えたこと

～インフレ対応型経営とは覚悟の経営である～

【はじめに】

いよいよ、我が国もインフレ到来です。
潮目が大きく変わりました。
大げさに言いますと、三〇年の長いデフレのトンネルを抜けました。

――デフレの覇者は、ユニクロ、ニトリ、モデル

デフレモデルは単純に言いますと、いかに安く良い商品を提供できるかが勝負でした。

ユニクロ、ニトリは、SPAモデル（製造小売り）を開発し、企画から製造、販売までを垂直統合させることで、安価でしかも良質、そして、消費者ニーズに迅速に対応できるビジネスモデルを開発しました。

また、サプライチェーン（SCM）を一新させましたものね。

すばらしいビジネスモデルです。

私は、しばらくドンキホーテ社（現株式会社パン・パシフィック・インターナショナルホールディングス）の監査役をやっていましたが、この会社も間違いなく、デフレの覇者です。

SPAモデルではありませんが、大幅に各支店長に権限を委譲して、個店経営を実践したビジネスモデルは、フラット経営の先駆けでした。

役員会でオーナーの安田さんの意見を聞きながら、当社の経営の参考にしましたね。

大変勉強になりました。

――グローバル化の終焉

思い出しますと、デフレの三〇年は東西冷戦が終わり、グローバル化、国際分業が前提でした。

ところが、米中対立のデカップリングによる国際分業の崩壊、ウクライナ戦争等による原料高、輸送コストの高騰は、インフレの終わりの始まりだったように思います。

そして、悩ましい円安がとどめかな？

――コストから価格へ

「企業もインフレ対応に舵を切り直す」ことが必須です。

単純に言います。

コスト重視から、価格重視戦略への転換です。

でも、安易に価格が転嫁できるでしょうか？

できる企業は限られています。

日本の消費者は厳しいですから、大手といえども大変です。

ましてや中小企業は、もっと厳しいですよね。

――覚悟

私見です。

利益を削っても良い、内部留保を削っても良い、

でも将来をにらんだ、投資を大胆に行う……。

そして、給料を思い切って上げる。

私は、インフレに向き合う経営とは、「覚悟」の経営だと思っています。

ハラをくくれば、対応可能です。

というわけで、二〇二三年の経営課題を、インフレ対応型経営といたしました。

もちろん、私の実践と本著の執筆は同時並行です。

――一人称で書きます

今年で経営ノートも一三年目になります。

今年は一歩踏み込んで、独断と偏見で書きました。

今年で、私も齢七八歳です。

もう勝手なことを書いてもいいかな？　と思い、自由に書きました。

今年もお付き合いいいただきまして、ありがとうございました。

このような経営書の端くれに、今年もお付き合いいいただきまして、ありがとうございました。

皆さんの経営の一助になれば、幸甚です。

最後になりましたが、いつも無理を聞いてくれてる東峰書房の鏡渕社長、編集者の根本寛之さん、狩野洋一さんにもこの場をお借りしまして、御礼申し上げます。

二〇二三年吉日　本郷孔洋

【目次】

第二章　二〇二三年の経営と実践……49

終わりに……155

CHAPTER 1

コロナはＤＸを加速し、インフレは経営刷新の背中を押す

経営の刷新は急務です。

経営刷新、ビジネスモデルの転換、いずれにしても、日本企業は大小に関わらずやらなければならなかったことです。


それが、新型コロナウイルスの発生以降、立て続けに日本にもインフレの波が押し寄せました。

私は、物事に偶然はなく、すべて必然だと思っています。

こうなる運命だと思って、あきらめてください。

あとは実行のみ、スピードの勝負です。


グローバルインフレ下で、自社の経営をどのように舵取りするか？

まずマクロに見てみましょう。

「キーワード」を列挙します。

1

世界の景気減速
世界的株安&世界同時不況？

対応策↓深刻に受け止め、経営の喫緊の課題最優先課題とする

「マクロに騙されない」「マクロ経済に影響されない」このマインドは私が心がけていることです。でもだまされるほうが多かったな（笑）。

また、マクロで考え、ミクロで行動する、これも私の好きな言葉です。
たとえ不況になっても、自社は関係なく成長することです。
私が開業時に目標にした、当時日の出の勢いの会計事務所がありました。
あの時も、オイルショックの後で不景気でした。

その会計事務所のスタッフは、お客さんの訪問時に「こんな時期でも良い会社がありますよ」と事例を見せて、コンサルしていました。

「なるほど」とエラク感心したことを思い出します。

「豊年の凶作、凶年の豊作」（本間宗久）と言います。

私の好きな言葉です。

「好景気」とは、七割の企業が景気が良い状態を言います。

逆に言いますと、不景気でも三割の企業が景気が良いのです。

ですから、いつの時代でも三割に入る努力をすることです。

逆に不況は、目標のライバルに追いつくチャンスでもあります。

トップランナーほど傷つく度合が大きく、気が付いてみたら、目標のライバルが目の前ということもあるんですね。

リーマンショックの後、当時私が監査役をしていた会社がそうでした。

当時、年商一〇〇億円でしたが、今では売り上げが一〇〇〇億円を越え、業界ナンバーワン企業に成長しました。


恥ずかしながら当社も、リーマンショックは逆に追い風でした。

当時の売上がビック４の税理士法人とダブルで違っていまして、追いつくのは大変だなと思っていました。


しかしながら、ビック４はクライアントが大きかったので、景気の煽りをもろに受けました。

当社はその点、お客さんが小ぶりで、影響が軽微でした。

相手が落ちてきて、グッと近づきました。

射程距離だな、と当時幹部で共有したのを覚えています。

でも、現在はまた離されたようですが（笑）。

不景気の戦略

①設備投資する
②広告宣伝をする人をとる
③人をとる

好景気の戦略
①リストラをする

若いころに「外資系は業績の良い時にリストラする」と聞いて、感心した記憶があります。業績不振でリストラしますと、良いメンバーから辞めていきます。

ついでですが、「豊年に増さず凶年に減ぜず」＊これも好きな言葉です。
＊「豊作で豊かなときもお供え物や食事の献立を増やさず、作物の収穫が少ないときも減らさずにいつも同じようにしなさい」の一文

これは自戒です。ついつい良い時に調子に乗って、失敗しました（笑）。

2

世界の分断（ディカップリング）「国際分業」の崩壊

対応策 ↓ 国内ビジネスにフォーカス

落ち目とはいえまだ世界第三位の経済大国です。
国内にフォーカスするチャンスでもあります。
中小の影響はマイナスよりプラスではないでしょうか？
製造業も国内回帰の動きもありますし、全体的にメリットの方が大きい。
熊本に半導体工場＊（熊本県菊陽町）が建設されます。
これだって熊本経済には貢献します。

余談ですが、求人の賃金が高く、事務系でも地方の水準を凌駕するそうです。賃金相場が上がれば雇用も地元だけに限定することがないので、ラクになります。世間より給料が高ければ、他県からも来るでしょうし、町の人口増にも貢献しますね。

実際に鹿児島からも応募があるそうで、

「これは日本再生のモデルになるのではないか？」

あるエコノミストの意見でした。

＊半導体受託生産最大手の台湾積体電路製造（ＴＳＭＣ）が日本国内で初の半導体工場を建設。投資額八〇〇〇億円。（ネットより）

3 日本の常識は世界の非常識

対応策↓BSグローバル、PLドメスティック

「日本の常識は世界の非常識だ」

故・竹村健一さんがしきりに言っていたのを思い出します。

たとえば、

①ドル高

円、独歩安

②米デマンドプルインフレ

日コストプッシュインフレ
③世界利上げ、日本低金利
④ＣＰＩ（消費者物価指数）
上昇率
日本低い
米国高い

資産運用、投資等ＢＳ項目は、グローバルに行動し、ＰＬ、自社のビジネスは国内にフォーカスする。

逆張りですが、円投資が増えるのではないでしょうか？
株も不動産も世界から見ると、独歩安です。

今年後半には、円買いが加速するような気がします。
バランスシート　↓　資産運用、Ｍ＆Ａ等グローバルに考える。

もちろん、日本も含めてです。

損益計算書　↓　ビジネスの重点を国内にフォーカスする。
繰り返します。
マクロ的に低成長でも、ミクロで頑張ればいいのです。
日本は、腐っても鯛です。

▼焦らない！

「円安をうけて、外貨預金が盛んだ」とのニュースを見て、思い出しました。
日本国の借金がＧＤＰを超えたときのことです。
年商と借金が同額になると、なぜか倒産するという経験を踏まえて、
日本国倒産を真剣に考えた時、この法則通りで行けば、
日本は間違いなく近い将来、国家破産するだろうと思いました。
若い時です（笑）。

▼外貨預金を勧める

それで、近しいお客さんにはドル預金を勧めて、結果かえって円高になり、バツの悪い思いをしたことがあります。

（なんと今は、国の債務残高が一二〇〇兆円を超えても、日本国は沈没していません。）

焦らないでください。為替って読めないいんですね。

メディアの報道に踊らされず、自分で考えた投資をすることを勧めます。

4

日銀総裁交代
日本はどう変わるか？
金融緩和は終焉するのか？

対応策→無視、気にしない

黒田総裁の任期満了を経て、後任に植田和男氏が起用される見込みとなっています。
……ですが、誰がやっても打つ手なし。出口もなし。
したがって無視ですね（笑）。

5

アフターコロナ大消費時代の到来はあるのか？
リベンジ消費（ペントアップデマンド）、インバウンドの復活はあるのか？

対応策
↓
「まんべんなく、均等に、多くの企業がその恩恵を受けることはない」と肝に銘じる

▼BSリッチ　PLプアー

予約の取れない高級店には若い人ばかりで、ほとんど年寄りがいません。

若い人ばかりで、気軽な格好で入ってきます。

ジムも同じで、高級なジムでも、日中運動しているのは若い人ばかりです。

ウィークデイの昼間です。

「会社に行かないんだろうか？　この人達の職業は？」

とゲスの勘ぐりで恐縮ですが、私はいつも気になっていました。

「どうやって稼いでいるんだろうか？」

「決算書で言えば、ＰＬで頑張っている人ではない？」

勤労所得者ではなく、資産にかかわるＢＳリッチなんだろうな、と推察します。

昔の高等遊民＊という言葉を思い出しました。

当時、ホテルの職業欄に「無職」と書く人が、一番ステータスが高かったそうです。

▼資産所得は消費する

昔の話です。

ＮＴＴドコモの上場で、株式相場が沸騰した時があります。

儲けた人たちは、車を買ったり、海外旅行したり、贅沢をしました。束の間でしたが（笑）。

その当時、有名なエコノミストが、「『あぶく銭』は浪費するよ」と言っていたのを思い出します。

＊【高等遊民】……世俗的な労苦を嫌い、定職につかないで自由気ままに暮らしている人。明治末期から昭和初期（ネットより）

▼嗜好が偏る

当たり前ですが、お客さんの嗜好は、個別になりました。

コロナで一層個別嗜好が加速しましたね。

会社帰りの一杯という外食は、ほとんどテイクアウト内食になりました。

▼ハレとケ＊

ハレとケで言えば、外食は非日常のハレになりました。

ちょっとした贅沢です。たとえば、ＧｏＴｏキャンペーンは、高級ホテル、高級レストランだけが潤ったというデータがあります。

たまにするハレの外食は、気張ります。服装だけでなく、下着も気張ります。

カップルには勝負服の需要もあります。

会社の帰りにグダグダと終点まで飲むようなケの外食は、テイクアウトに収斂されます。

第二次ＧｏＴｏ（全国旅行支援キャンペーン）は、その反省を踏まえて、高級店に偏らないプランニングをしたそうです。

＊ハレとケとは、柳田國男によって見出された、時間論をともなう日本人の伝統的な世界観のひとつ。

「ハレ」はお祭りや年中行事などを行う特別な日、非日常という意味があります。

「ケ」は普段の生活、日常という意味があります。

▼ソロ社会

もう一つはソロ社会対応です。
一人暮らしが、全国民の40％になりました。
一人焼肉屋さんの出現は、そのはしりです。外食もソロ社会では、一人で贅沢します。

また、一人カラオケも盛んだとか。
私的に高齢者のカラオケは、誤嚥性肺炎予防と割り切ってます（笑）。
実は私もマイクを買いました。
ＹｏｕＴｕｂｅでカラオケを始めました。
喉を鍛えるには
①呼吸
②大声
③飲み込みトレーニング

をしなさい、と本に書いてあったのです。

最近よく喉がつまるのです。特に寿司はダメですね。

というわけなんです。

▼安売りはやめろ！　自分を苦しめるだけ

「安売り」と「お値打ち」は違います。

単なる安売りは、やめたほうがいい。日本はまだまだ中間層が多い国です。

勤労所得でも、中間層が多いだけでなく、資産所得（相続等から得た所得）も加えると、
おそらく世界でも有数の消費大国です。

キーワードは「非日常体験」「贅沢」です。

▼インバウンド

インバウンドも増えますが、受け入れ企業は、国内をごはん、インバウンドをおかずと考えた
ほうがいいのでは？
感染症リスクだけでなく、昨今は地政学的リスクも加わります。

突然、空港が空になります。すぐ鎖国しますから。
もっと細かく言えば、地産地消で基本を稼ぐ、あとは＋αとするのが理想です。

▼DXの加速

対応策　↓　最優先で取りかかる。詳細は後述します。
平均値で進めないでください。
導入の順番と優先順位、ロードマップをきちんと設定し、実行してください。

▼個人の金融資産

二〇二二年度末で初の二〇〇〇兆円超。投資信託の残高が増加。
対応策　↓　資産に関連したビジネスに軸足を置く

「巨額だから」と言って、このターゲットに切り込むのは至難の技です。
日本人の財布の紐は堅いし、すぐ貯金します。
使わせるのは大変です。

かせぐ経済からもらう経済へ

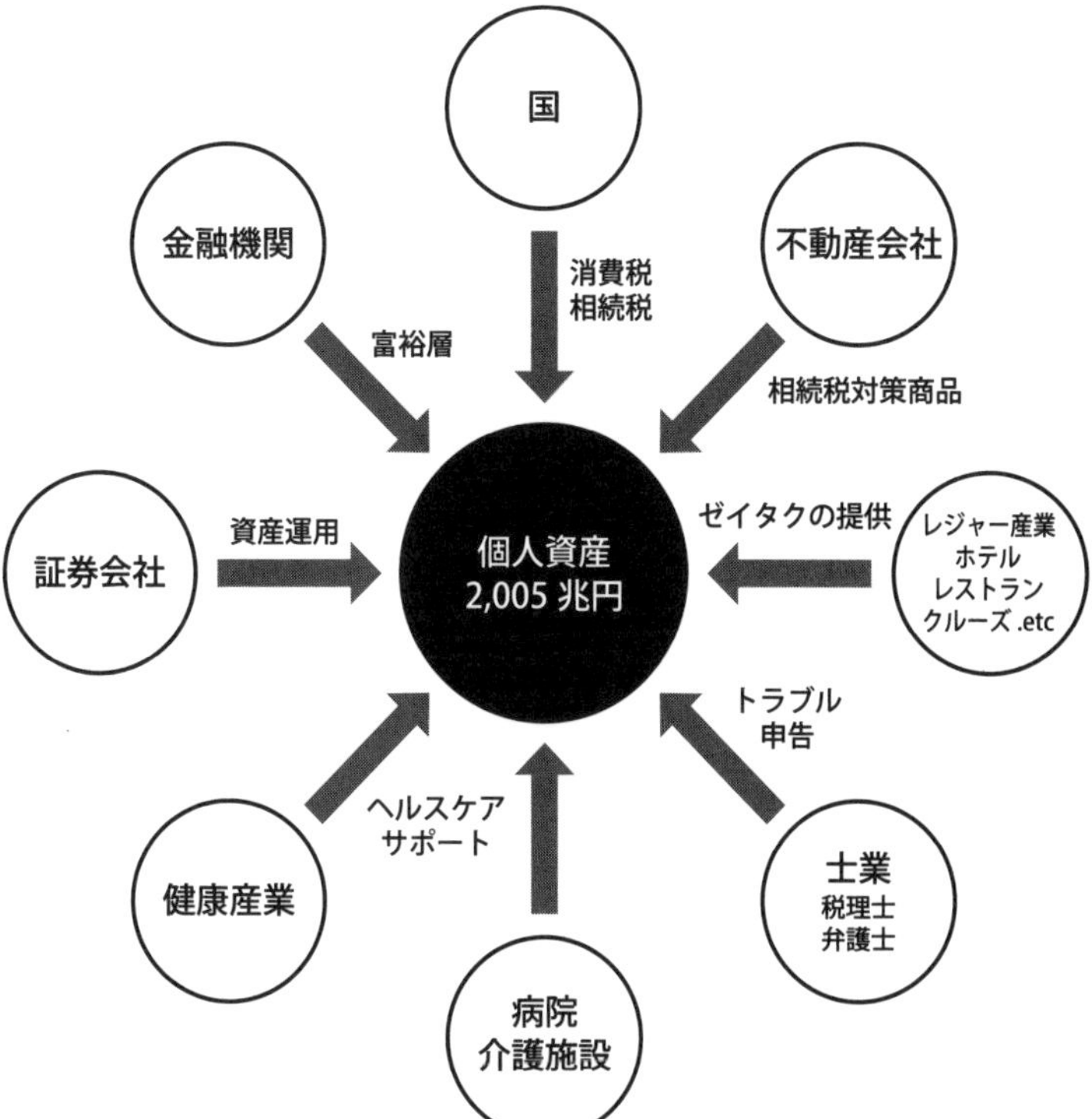

必要に迫られたときには使いますが。


たとえば、身近で見ますと、不動産のビジネスは親和性があります。

相続対策に効果的な商品は、不動産です。

「日本人は亡くなる時が一番金持ち、イタリア人は使い切って死ぬ」

という都市伝説がありますが、給付金でも貯金する国です。

使わせるには、かなりのビジネスセンスが必要です。

6 人手不足

対応策↓深刻に受け止め、経営の喫緊の課題最優先課題とする

利益を削ってもいいという覚悟ができますか？

まず、賃上げから始めます。

言うは易し、結構大変ですよ。ですから中小企業にとって、このテーマはトップマターです。

働き方改革、ＤＸシフト、テレワーク等、もちろん生産性向上の試みはすべて、このテーマとリンクします。

同時並行で実行しなければなりません。

でも、一気にはできません。改革には時間がかかります。が、もたもたしていると事業の存続にかかわります。ですから、トップマターでやらないとダメなんです。

▼人が余る？

フェイスブック（メタ）の一万一千人削減。全従業員の13％のリストラだといいます。ご存じのように、ツイッター社でもイーロンマスクが半数以上を解雇しました。グーグル（アルファベット）や、一世を風靡した名だたるＩＴ企業は、一斉にリストラに入っています。

何故か。

「ＤＸが進んで、機械へのシフトが進み、大量に削減しても困らない時代になった証左」だそうです。

いずれ日本にも波及しますね。
それを頭に入れながら、人手不足対応をしたほうがよさそうです。
日本でリストラするには、カネと時間がかかります。

7

K字化（二極化）と集約化

対応策→無視

メディアの報道を鵜呑みにしてはいけません。
ちゃんと経営すれば、Kの字の上に行きます。

K字化（二極化）と集約化

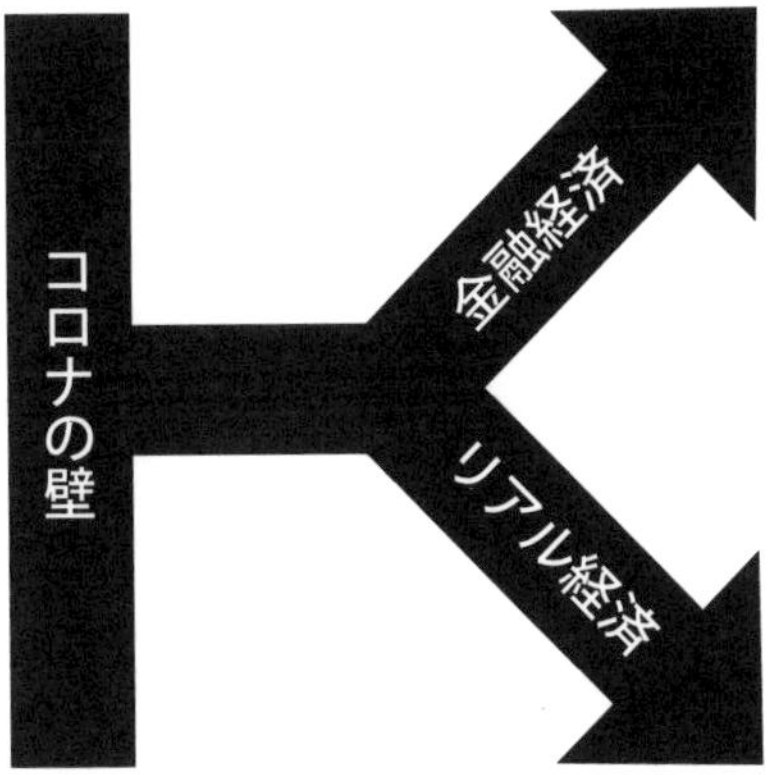

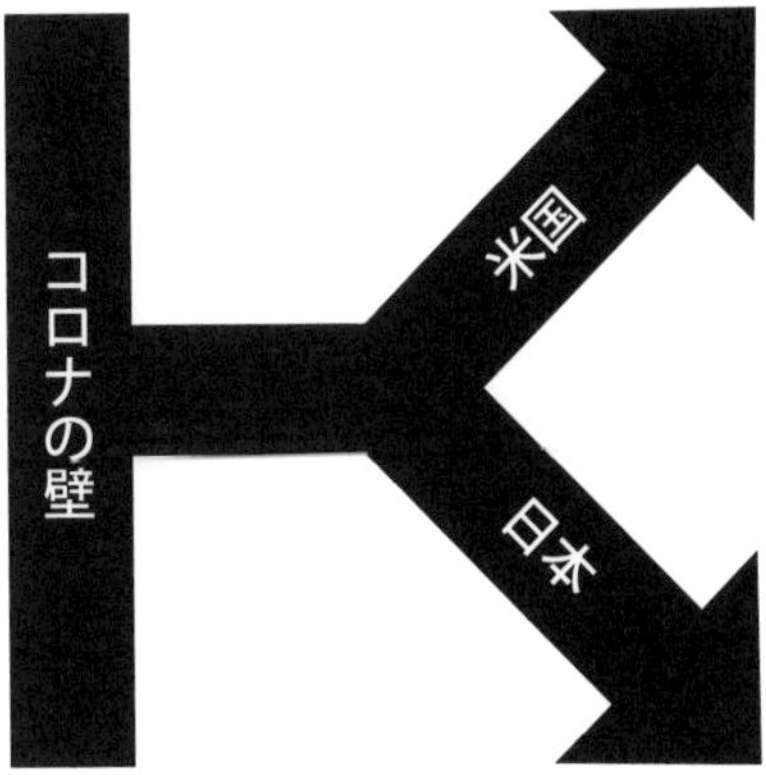

8 その他

▼そもそもインフレは続くのか？

現在の資源高によるコストプッシュインフレは、いずれ収斂すると思っています。

原稿を書きながら、考えました。

大きな設備投資がこれから起こるか？

お金の需要も大きく増えるとは思いません。

銀行は、お金の貸し先が少ない現状が続きます。

すると、日本は低成長が続きます。貸すところがなければ、金利だってそんなに上がりません。

「経済のスピードが早いほどインフレが早い」

この法則にも日本は該当しません。

利子率は、永遠のゼロが続きそうです。

▼インフレは、まだら模様！

↓平均値で見てはいけない

インフレはまだら模様と考えた方が現実的ではないでしょうか。

「神様は細部に宿る」ではないですが、

細部（ディテール）へのこだわりが多分、自社の経営にヒットします。

自社がインフレを被る方か、享受する方か、それによって取るべき戦略も異なります。

上がる資産、ダメな資産、上がるサービス、上がらないサービス、上がるモノ、上がらないモノ、上がる仮想通貨、上がらない仮想通貨。

何年か前は、BSインフレ、PLデフレ、モノはデフレ、コト（サービス）はインフレと書きましたが、昨今はもっとピンポイントになり細分化しました。

■私の結論

↓マクロだけ見てはいけない！
↓コロナはDXを加速しインフレは経営刷新の背中を押す
↓自社に関連する指標で判断、データを細かく見る
↓PLとBSの合わせ技で乗り切る
↓経営マインドを従来とは真逆にする覚悟
賃上げ、収益悪化、内部留保のはきだし
投資、非効率に目をつぶる

CHAPTER 2

二〇二三年の経営と実践

1

覚悟の経営

インフレ対応は、経営者のマインドと真逆です。日頃、コスト重視、内部留保、経営効率等を考えるのは通常の経営者のマインドです。

でも、今回のインフレを乗り切るためには、真逆の発想が重要です。
賃上げ、収益悪化、内部留保のはきだし、非効率。
上場会社は、株が下がってもいいという覚悟。

歌の文句ではありませんが、
「あなた、カクゴはありますか？」

私？

その話はしないでください（笑）。

2 戦略目標の明確化、共有

対応策→当社は、DXと人事

良い機会です。

経営戦略目標の再確認、明確化と全社員への共有です。

私も人のことは言えませんし、共有がとても下手くそです。

まず、注意してほしいのは、「分かりました」です。

随分、過去にだまされました。

今では、「分かりましたは、分からない」と言い聞かせています。

テレサ・テンの歌ではないですが、「愛してる」は「別れの言葉」みたいなものです。

今はオンラインで、一挙に共有可能になりましたが、聞いているだけの人もいます。
しつこく、辛抱強く、双方でコミュニケーションを取る必要があります。
それから、何でも欲しがるマミちゃんにならないでください。

私もそうですが、思いついたことを全部やりたがります。
優先順位をしぼることが肝要です。
ちなみに当社は、人事・ＤＸが最優先課題です。担当者も兼務はＮＧです。
専担、直轄にしないと実行は難しいと私は思っています。

3 インフレ対策のキモは、売値

対応策↓財布を変える

「値決め（売値）を変えたかったら、お客様の財布を変えないとダメ。」

成熟した社会は、きめの細かい価格政策が必須です。

つまりお客さんは、商品、あるいは、業種ごとに価値観を持っています。

ですから、同じ商品で値段を上げることは、実に難しい。

ところが、財布が違うと、ウソみたいに気前が良くなったりします。

大昔ですが、私の事務所の一か月の顧問料と夜にお姉さんに渡したチップが同額でした。

私は伝票を見てその事実を知り、かっとなって社長と大喧嘩をした経験があります（笑）。

でも、今思いますと、社長のお姉さんの価値は会計事務所以上だったのですね。

▼メイド喫茶

秋葉原のオタクが流行りだした頃、「秋葉原大王」という人に案内されて、メイド喫茶から、フィギュアの店まで案内してもらいました。

何十万円もするフィギュアが売れて、しかも「カネがある人が買うのではなく、はまった人が買うんだ」と妙に納得した記憶があります。

家でフィギュアを抱いて、カップラーメンを食べる。

▼職場のデータより趣味のデータ

職場にＤＭを出すより、趣味ごとのデータの方がヒット率が高い。

販促の基本です。

難攻不落のお客さん（潜在顧客）を趣味で口説いて、お客さんになった。

昔のサラリーマン映画では、よくこんなシーンがありました。

4 DXの一層の促進

対応策↓DXはゼロワン、第二創業

そもそもDXは変身です。単純なデジタル化ではありません。

▼目的を忘れるな!

余談ですが、日本はしばしば手段が目的になる国です。しばしば例に上げられるのは「ゆとり教育」です。本来の目的は、「創造力」を生む人材の教育でした。ところが「ゆとり」というフレーズだけが強調されて、結果として日本の教育レベルが下がりました。

▼防衛費増額の議論

財源を賄う増税策がまとまりました。

防衛費増額の目的と中身の議論のないまま、財源の話が先行し、増税案が先行しました。

諸外国がGDPの2％なので、それと同じにしなければならないというのも、変な話です。

「手段の目的化」、日本の文化？　でしょうか？

▼「成果」より「頑張ります」

昔、成果の出ない部下に意見をしたら、「こんなに頑張ってるのに」と、くってかかられたことを思い出します。

最近は「頑張らなくていいから、結果を出せ」と言っています。

▼研修

研修でも同じような例があります。

研修をやったことに意義を感じ、肝心の目的を忘れがちです。

企業研修の目的は、「即戦力養成」なんですが。

ＤＸだって気を付けなければなりません。

ＤＸにとりかかっていることに満足しがちです。

でも、目的は「企業の変革」ですよね。


ＤＸ(Digital Transformation)は、「デジタルによる変身」です。

経営戦略、組織のフラット化、営業スタイル、働き方、ジョブ型雇用、全部にかかわります。

やりながら、第二創業だな？　と思いました。

進行の過程で必ず、私はこの原点「ＤＸは革命である」と立ち返るようにしています。

（たまにフィードバックしないと、本来の目的を忘れて、手段にすり替わります。）


ＤＸで経営のすべてが変わると、私自身言い聞かせています。

この考え方をスタッフに共有することも大切なことです。

といっても、私はすぐ忘れます。

私は忘れっぽいんですね。

中学の時、鞄忘れて学校に行ったり、そろばんの検定試験でそろばんを忘れて、塾の先生のそろばんを借りて試験を受けたのを思い出します。

5 身近なところから手をつける

▼RPA

当社はまず、ＲＰＡから始めました。

幸い、うちのＩＴ部門は慣れていて、銀行の通帳のコピーが手始めでした。

今までエクセルでやっていた作業が、スキャンするだけでＰＣに自動的にデータ化される光景には、びっくりした覚えがあります。

後で知ったのですが、当社の若い部門はもっと早く取り組んでいました。

クラウド会計はもちろんのこと、

安価なグループウエアを導入して、部門内の共有化にも駆使していました。

やはり、ＤＸは若くないとできない。

▼業務の見直し

ＤＸに取り組むことは、従来の仕事を機械化することでもあります。
すると、明確でない業務が浮き彫りになりました。
ダブっている仕事も多いですしね。
「なんでこんなことやってるんだろう？」
答「前の人から引き継ぎました。」
そこで「ターキーの話」をしたんですね。
感謝祭は、ターキーがメインです。
娘「お母さんどうして、ターキーの尻尾を切るの？」
母「おばあちゃんから教わった。」
そこでおばあちゃんに聞きました。
祖母「あの時は大きくてオーブンに入らなかったから。」
閑話休題、ＤＸは業務の見直し効果もあると分かりました。

▼分業化

「私作る人、僕食べる人」＊というコマーシャルがありました。

問題になり中止になりましたが、言い得て妙でした。

「分業化は生産性を向上させる。都市はなぜ農村より生産性が高いのか？

それは、農村が自給自足、都市が分業化している違いだ。」

アダムスミスの言葉です。

業務フローを書くには、仕事の定義が必須です。

そして、分業化が必須です。ＤＸと分業化は不可分の関係です。

＊『私作る人、僕食べる人』は、一九七五年（昭和五〇年）に放送されたハウス食品工業のテレビＣＭである。ＣＭ内の台詞が性別役割分担の固定化につながるとして婦人団体から抗議を受け、約二か月で放送中止となった。（ネットより）

▼勤勉な人はＤＸに向かない

余談ですが、ＤＸの敵は社内といいます。

もう一つ、勤勉な人は、ＤＸの抵抗勢力になります。

Ｅｘｃｅｌの達人は、突出しすぎて、標準化、共有化が難しい。

俗人化してしまっているんですね。

ＤＸのパラドックスではないでしょうか？

▼イノベーションとは、人間を怠惰にすること

「ビジネスとは職人の仕事を奪うこと」

ハラオチしますね。

テレビのリモコンが出てきた時、「イノベーションの歴史は人間をどんどん怠惰にしていきました」という記事を読んで、ひどく納得したのを覚えています。

何しろ、寝っ転がってテレビのチャンネルが変えられるんですから。

それまでは、いちいちテレビの前に行かないとダメでしたからね。

▼作業（コピーワーク）は機械へ、仕事（クリエイティブワーク）はコンサルへ

作業と仕事は分けて考える、「作業は機械へ、仕事はコンサルへ」

これを合言葉にしています。

我々税理士の仕事は、今ではほとんど作業です。

ですから、クラウド会計をはじめ、どんどん機械化・ＩＴ化が進んでいます。

ある調査では、ＩＴ化でなくなる一番が会計人でしたからね。


でも、他の業種だって同様です。

すると、我々のミッションは作業から仕事にシフトしないといけません。

仕事の定義は、人間と接触し、一緒になって問題を解決できる能力だと思っております。

すると、コンサルスキルの向上が不可欠になります。

当社もまだまだ。満足行くレベルには達していません。

スピード感がないな、と思うこともしばしばありますが、我慢することを覚えました。

私も進歩したのかな？（笑）

仕事と作業

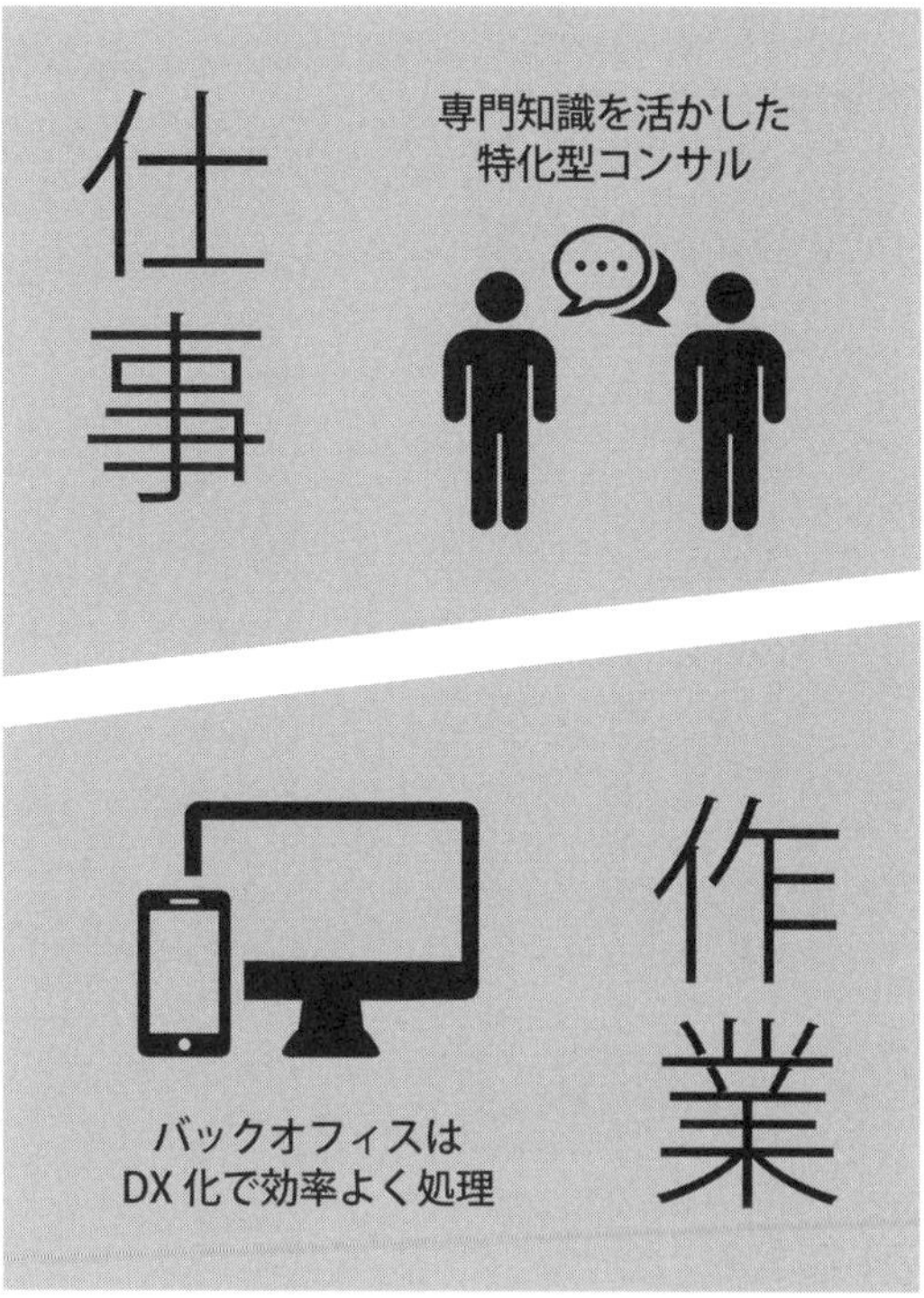
仕事
専門知識を活かした
特化型コンサル
作業
バックオフィスは
DX 化で効率よく処理

6 組織とＤＸ

対応策↓部門の壁を取り払うアプリで見直すチャンス

デジタルツールを使うことによって効率の良い組織を作れる可能性があります。

当社で経営しているホテルがあります。再建案件です。

当初、マルチジョブで仕事の均等化を図りましたが、うまくいきませんでした。

従来は、フロント、レストラン、宴会等、と部門が目的ごとに分かれていました。

よくあるホテルの組織では専門部門別になっていました。

すると、各部門が縦割りになり、閑散期に他部門の手伝いがスムーズにできないのですね。

マルチジョブによってジョブの平準化を図っても、その障害は「専門の壁」「部門の壁」です。

そこで、組織を見直しました。

専門の呼称をやめ、1、2、3、というナンバーで部門を作り変え、マルチジョブ化しやすいように、組織の体制を変えました。

安価で使い勝手の良いアプリが、部門の壁を取り払ってくれました。

アプリを使うと、専門家でなくてもその仕事ができるんですね。

▼リアルとＤＸの合わせ技

それでも、完全自動化は無理です。結局「リアルとＤＸの合わせ技」だと思っています。

一割でも二割でも効率化出来ればいい、という割り切りが必要です。

▼営業はリモートと対面の組み合わせ

リモート面談が当たり前になった営業はメリットを大幅に享受しています。

コロナ前は「会いに来い」でしたが、今は「来ないでくれ」ですからね。

営業も「リモート×対面」のハイブリットです。

対面時間もさることながら、移動時間が減ったことは、すごい効率化だと実感します。

営業の生産性が大幅に上がります。

コロナの最盛期、販管費が減ったなーと思って見ていたら、旅費交通費が激減でした。

これも隠れたメリットでした。

▼マクドナルドの好事例

焦って、全部ＤＸしようと思わないことです。

日本マクドナルドの改革は、良いロールモデルです。

コロナ不況でも勝ち組になった日本マクドナルドの勝因は、デジタルとアナログのハイブリット戦略だったといいます。

（『成功の鍵はハードとソフトの両輪　進撃マクドナルドコロナ禍に勝ったＤＸ』NIKKEI BUSINESS　2022/6/20）


内容は、モバイルオーダー（スマホからの注文、決済）によるＤＸに加えて、「接客専用スタッフの配置」「商品を席まで運ぶ」などのアナログ接客サービスの充実が勝因でした。

やはり、デジタルとアナログのバランスがキモ。

▼リモートはプレゼンの研修が不可欠

リモートはプレゼンがキモです。
対面ですと読み取ってくれますし、もたもた話すと、お客さんは聞いてくれません。
リモートのトレーニングは不可欠です。
プレゼン内容を、簡単に分かりやすくする。そして、重要なのは顔の表情です。
日本人は表情が固いですものね。

▼失注の八割は不戦敗

↓ＤＸ営業は、データベースも両輪
↓不戦敗をなくす徹底的な情報管理が必要
「負けた理由の八割は、自社が気付かないうちに、お客様が他社に発注している」
（『顧客をつかんで離さないキーエンスの仕組みづくり』日経ビジネス）
（『シン・営業力』天野眞也　クロスメディア・パブリッシング（インプレス））

▼データベースは過去を未来にする

若い頃教えられましたが、当時はピンと来なかったんですね。

でも、何十年も経って私もやっとハラオチしました。

データベースを活かすことが、これからの営業の課題でもあります。

▼コスト

ＤＸ、アプリ、あるいはロボットを使用することによって、損益分岐点を下げることが可能です。

前述したように、専門部門の普通化（コモディティ化）がＤＸによって可能になります。

良い機会です。ＤＸを単なるアプリとかロボット導入で終わらせるのではなく、業務の見直しをしてください。

▼フラット化

またＤＸの後押しで組織のフラット化が促進されます。

ＤＸ、ブロックチェーンにより、組織のフラット化が可能になります。

ＤＡＯ＊（分散型自律組織）なんでしょうか？

組織がフラットになりますと、トップの意思がダイレクトに現場に届きます。理想は、全員の情報が共有されることですが、これがまた悩ましく、聞いていないスタッフも多いですからね。

我慢強く繰り返し、アナウンスする。これは、フラット化でも同じです。

でも、負の部分もあります。

ピラミッド型のように、情報の伝達にバイアスがかかりませんから、リーダーの誤った指示で現場が混乱します。

朝令暮改ではなく、誤ったと思ったらすぐに修正する、朝令朝改ができる。これも、リーダーの要件の一つです。

＊ＤＡＯ（Decentralized Autonomous Organization）とは、特定の所有者や管理者が存在せずとも、事業やプロジェクトを推進できる組織を指す言葉です。

7 ＤＸなくして、働き方改革なし

「ＤＸ貫徹で実現した週休三日」ある雑誌の見出しです。

中堅の不動産会社が、ＤＸを推進した結果、週休三日が実現したという記事でした。

「業務フローを見える化し、毎朝、始業の際にこの業務フローの一覧をチェックするだけで、各部署はその日にしなければならない仕事が分かる。」

（『週休三日をＤＸで実現、鳥取県米子市の不動産会社の挑戦』NIKKEI Top Leader 2022/5）

ＤＸは業務の属人化も解消する。

でもベテラン社員から仕事を奪うことになりますから、社内の抵抗も大変です。

働き方の効率化で生まれた時間を、営業に充てられる。この効果は大きいですね。

働き方改革週休三日は、ＤＸなくして到底無理です。

8 人手不足対応

これも今年の重点目標の一つです。
あれこれ考えず、まず、求人の募集給与の引き上げから始めます。
私は目の子で、「他より二割アップで募集する」と考えました。
やはり集まりますすね。
でも、ウソはダメです。
日経にバーンと記事が載った大手企業の初任給は高くてびっくりしましたが、
ウラがあってすぐバレてしまい、ＳＮＳで叩かれました。
この時代、文芸春秋編集長の新谷学さんではないですが、

「危機管理の三原則は、逃げない、隠さない、嘘をつかない」です。

それと兵力の逐次投入が悪い戦略であるのと同じで、

小出しに上げるなら思い切って賃上げする方がいいのでは？

と、考えています。

9 ジョブ型雇用の促進

仕事の定義を決める　↓　業務フロー　↓　業務でＤＸできるところから実行する。（表参照）

当然ですが、ジョブ型はジョブを分けて、それぞれ何が仕事なのかを定義します。

当社の場合、法人か相続で大半の仕事が決まるので、ラクでした。

▼一国二制度

ジョブ型導入の方法として全面導入もありますが、当社は既存には手をつけず、新入社員から強制加入、既存は公募制にしました。

当社は専門職が多いせいか、比較的ジョブ型を選ぶ社員もいますね。

既存の年功型とジョブ型を同時並行に走らせています。

ジョブ（仕事）のプロセス

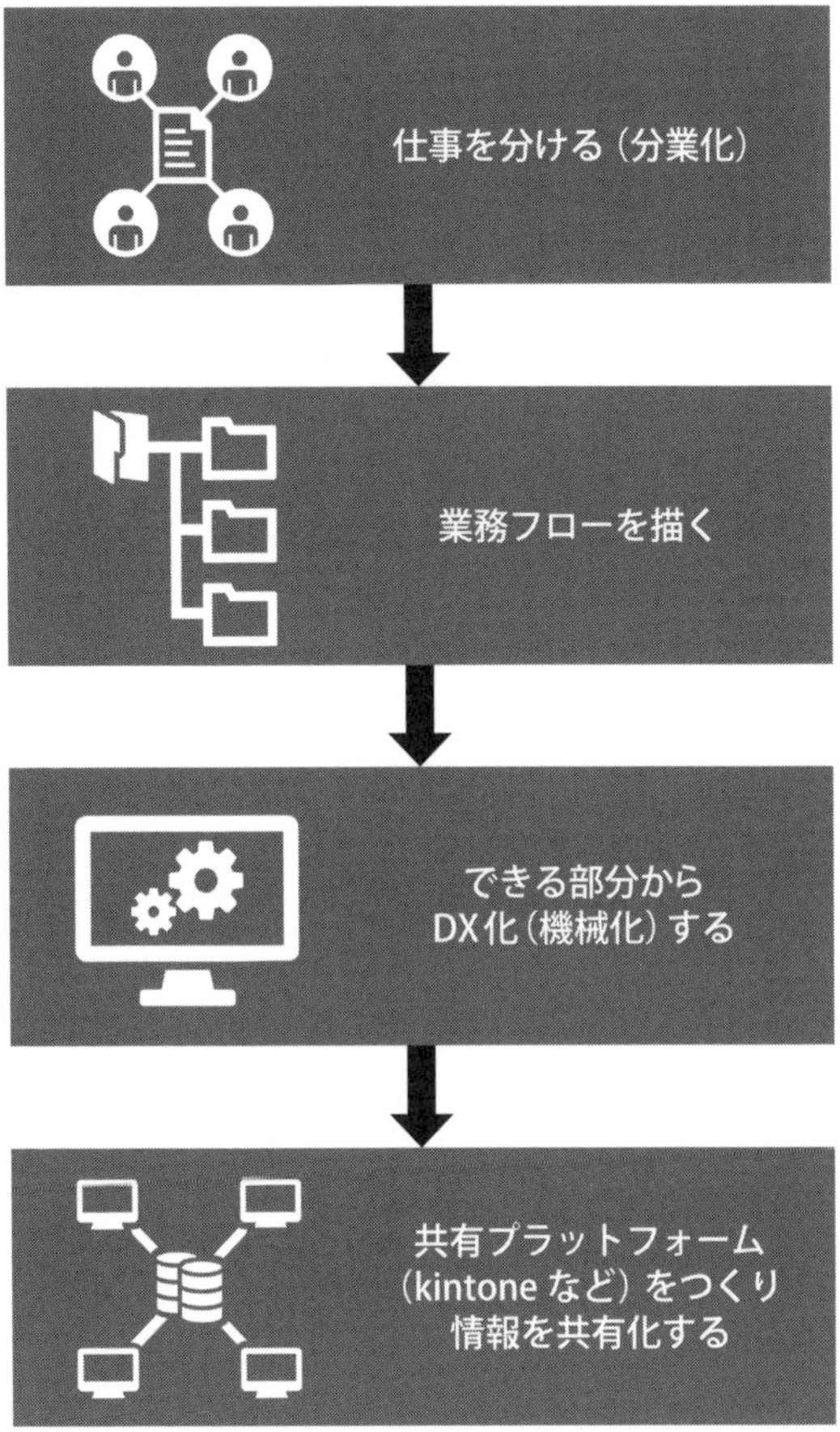
仕事を分ける（分業化）
業務フローを描く
できる部分から
DX 化（機械化）する
共有プラットフォーム
（kintone など）をつくり
情報を共有化する

上手くいくつもりですが、失敗するかもしれません。

▼テレワーク（リモートワーク）

これも必然の一つだと考えます。

ジョブの定義をしっかり決めますと、どこでやっても構いません。

リモートワークで会議は便利になりました。

私自身、昔より会議に参加できます。

「テレワークは、経営者への神の啓示だ！」

経営者（リーダー）が、一番メリットを享受しているかもしれません。

私は、ホントにそう思っています。

▼出社は仕事にあらず

在宅勤務（テレワーク）も、仕事の定義がないと実践できません。

ですから、ジョブ型雇用にして初めてテレワークができます。

10 ビジネスモデルの転換

良いチャンスです、環境変化、インフレを期にビジネスモデルの転換ができます。
いや、すべきです。
また、DXで業界の垣根が下がります。これも変えるには追い風になります。
逆も然りで、業界に新規参入もありえます。
新規参入企業は、ほぼ力がある企業です。
手ごわいですよ。
入れ食い状態だと考えてください。先手必勝です。

私の場合、

①近くを考える
やりたいことより、ご近所さんです。
「隣地拡大」は現実的な対応策です。

②決め球を変える
いつか主力商品が、見せ球になってきます。
プロ野球の世界と同じです。
剛速球投手もいつの間にか、ストレートが見せ球で、決め球を別に変化させます。
現役続行のコツです。

▼隣地拡大

現実的な転換は、隣地拡大戦略です。
私は隣地拡大を続けて、巨大化したオリックスが理想です。
「隣の芝生は青い」のです。
当社の場合、会計を軸としながら、少しづつバックオフィス業務を拡大しています。

ＨＲ業務等隣地拡大を試みていますが、まだまだです。

▼第二創業

前述しましたが、まさに第二創業です。
当社も「未来戦略室」という組織を作って、挑戦しています。
ビジネスモデルの転換です。
コンセプトは「既存の深耕、新規の拡大」です。

▼自前かアウトソーシングか

これも私は重要な視点だと思っています。
全部自前では、今の時代もちません。
これも、後述するビジネスエコシステムにつながります。

DX 戦略

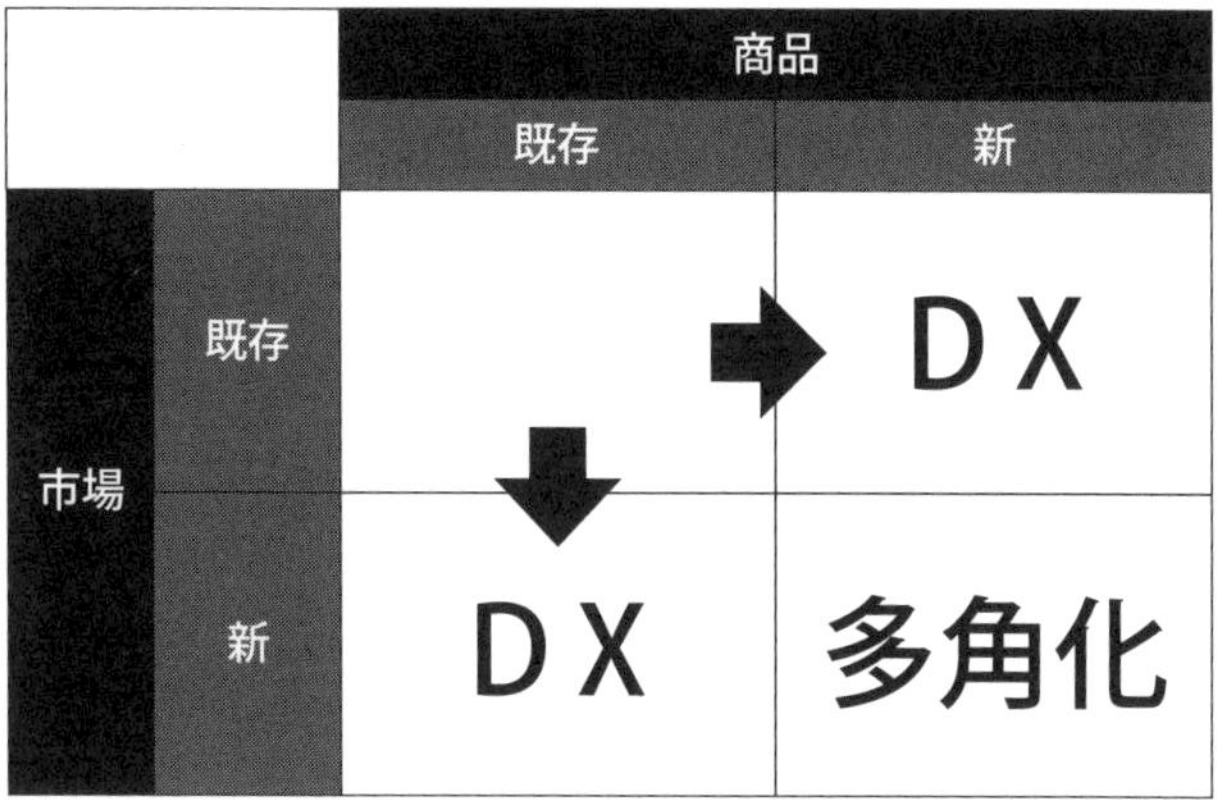

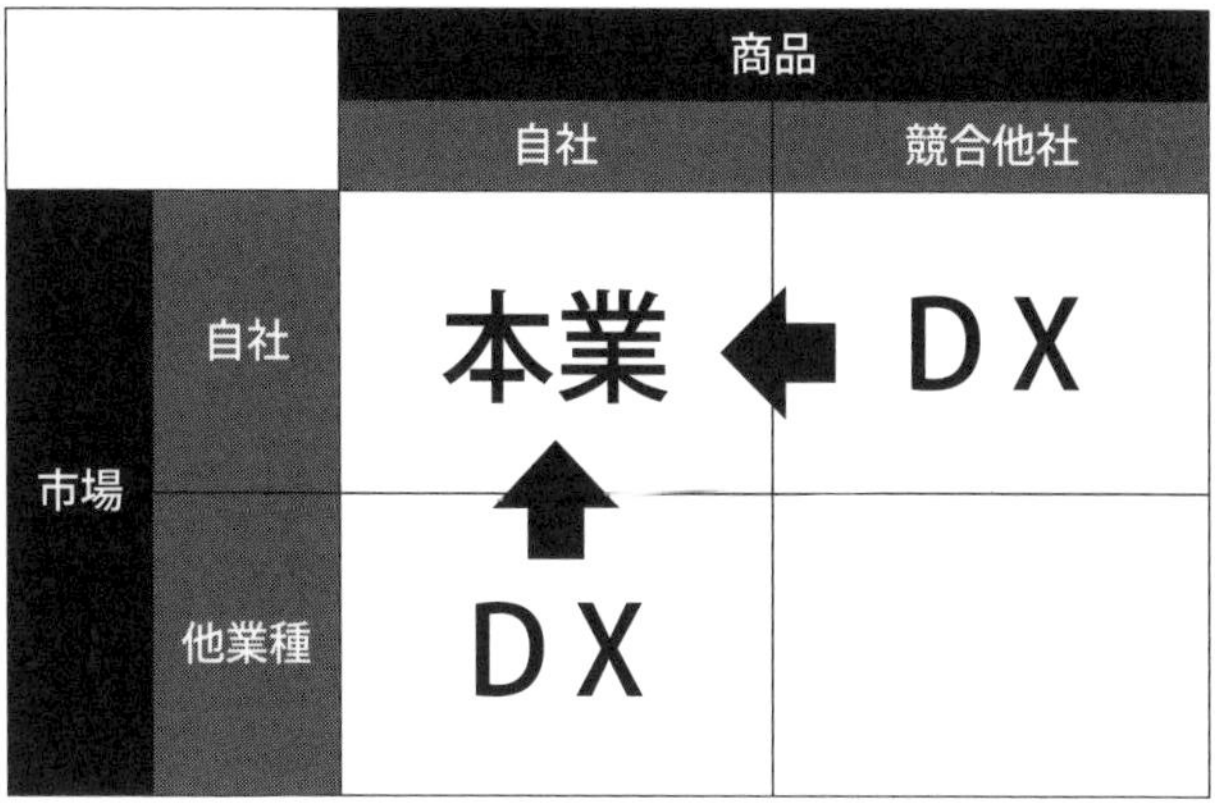

たとえば保険業界

生保→損保に近づく
損保→生保に近づく

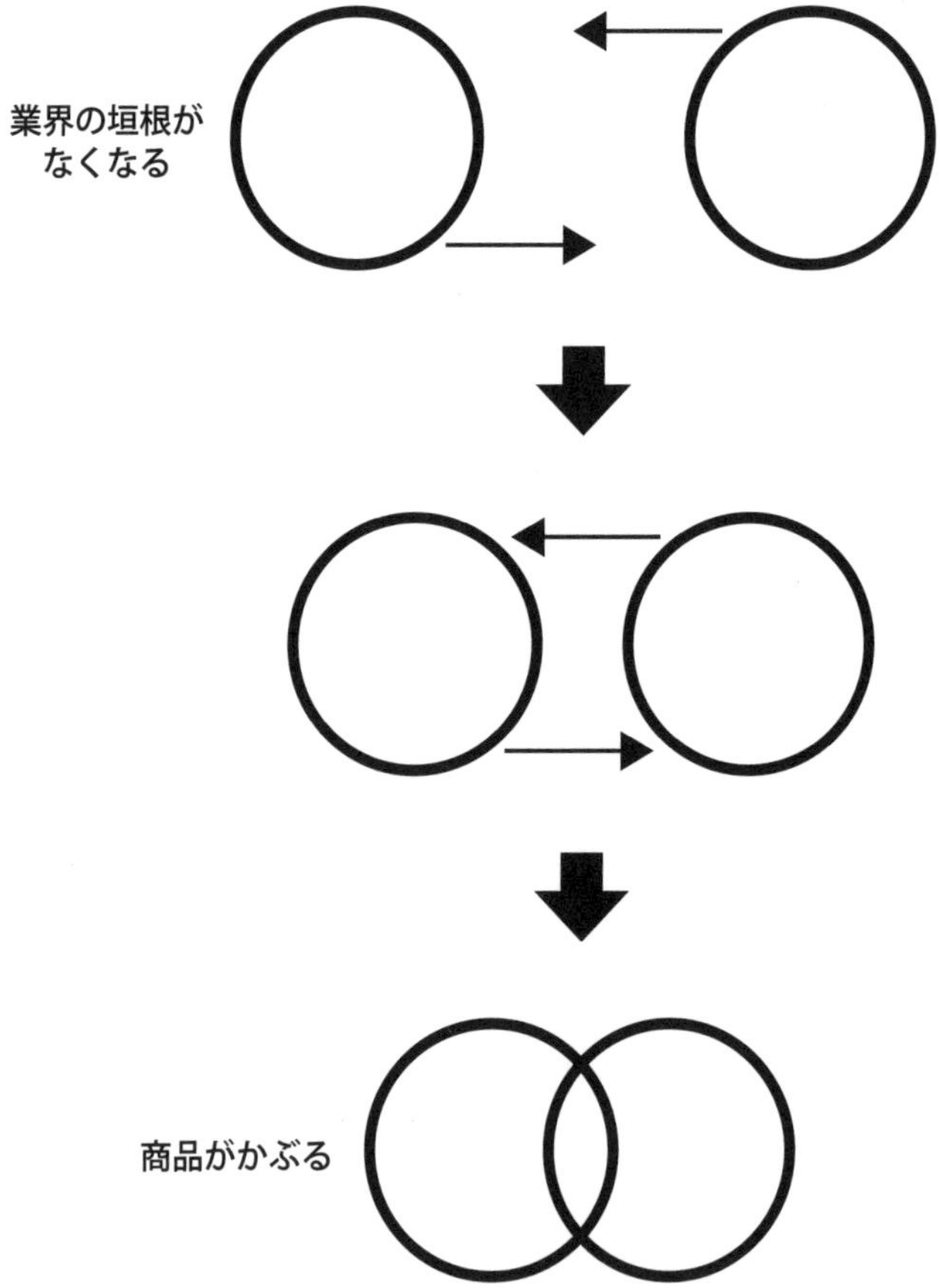

11 付加価値をどう確保するか？

ビジネスモデルとは、稼ぐ力です。付加価値がある業態への転換をしないと意味がありません。付加価値の向上は。重要なポイントですし、不可欠な要素です。

▼B4B（すべての道はコンサルティングに通じる）

↓B2BからB4Bへ

B2B（Business to Business）はお客さんが法人相手のビジネスです。最近脚光を浴びてきたのが、B4B（Business for Business）モデルです。

(NIKKEI BUSINESS 2022/06/06)

B2Bは、いわば売りっぱなし。それに比して、B4Bは、お客さんのために何かをやってあげ、お客さんの業績向上に役立つことだと言います。

▼収益の軸を「コンサルティングへシフト」

いきなりコンサルティングを望んでも、無謀です。段階を踏みたいと思います。
順序として、
コンサルティング　↓　コンサルティング＆サービス　↓　コンサルティングセールス
徹底してお客さんにサービスする。結果、セールスが拡大する。
これは、私のひとりよがりかもしれませんが。

▼お客さんと協業の時代

当社にたとえると、単なる税務計算ではなく、経営の改善提案等コンサルティングに業務の主軸を移すということです。

言い換えますと、「作業（コピーワーク）から仕事（クリエイティブワーク）」へ変貌しなければ、明日はありません。

▼コンサルティングは、泥臭く！

コンサルのイメージをよく誤解してしまいがちです。

クライアントに意見を言うようなイメージですが、私が思うに、大会社の戦略コンサルのように、泥臭く、作業レベルまで踏み込んで実践するのが真のコンサルではないでしょうか？

▼金融サービスが主役の時代になる

①埋め込み型商品（Embedded Finance）
「非金融事業者が既存のサービスに金融サービスを組み込む」

単純に言えば、商品と金融の合わせ技の商品です。

金融をかませるとサブスクモデルになる。

「売り切り商品」を「埋め込み型商品」に変えますと、期せずしてビジネスモデルの転換になります。

金融をかませますと、サブスク＊モデルが作れるからです。

余談ですが、従来からサブスクモデルは存在しました。

当時は課金システム（後で儲けるシステム）と読んでいましたが。

「遡るとハワードヒューズが財をなした一番最初の仕事は、石油を掘る掘削機を発明したんですよ。その時、普通だったらその機械を売るじゃないですか。でも彼は売らずに掘りたい人に貸し与えたんです。この機械を貸す代わりにおまえが掘った石油の売値の1％をおれによこせと。ズバリ課金システムですよ。」（カルチュア・コンビニエンス・クラブ 増田宗昭氏）

Running Profit とも言います。

代表的な例は、コピー機、携帯電話。

安く売って、使用料で儲けるモデルです。

身近で何社かこれを（埋め込み型商品）実践した会社は、
間違いなく収益力が上がりました（実証済み）。
でも、その会社にファイナンスをする力（資金調達力）がないと、
絵に描いた餅になってしまいます。
＊サブスクは「サブスクリプション」の略で、英語では「予約購読」「定期購読」「会費」などの意味の言葉です。

月額課金・定額制で契約するサービスを指します。（ネットより）

▼埋め込み型商品を「投資商品」に仕立てる

↓所有者と利用者の分離

前述したように、「売り切り商品」を「埋め込み型商品」に変えて、サブスク商品に仕立てても、自社で組成するには、体力（ファイナンス力）が要ります。

そこで、その商品を投資商品に組み立てることが可能です。

投資家は、その商品に投資し、運用益（利回り）を得ます。

当該会社にも投資家からお金が入り、利払いは発生しますが、それ以上に事業の拡大が容易になります。

運転資金が潤沢になるからです。

投資商品になりますと、売りやすくするため小口化できます。

12 小口化

あらゆる商品は小口化し、投資対象になる。

投資家の募集は、小口化して売りやすくしますと、ずっとラクになります。

小口の不動産を想像してください。買いやすく、売りやすい。

私は、不動産とか特定なものだけでなく、あらゆる商品が小口化し、投資物件になると思っています。

▼流れは、リースからレンタルへ

私の思い込みです。

時代は、リースからレンタルへ。

ユーザーは、次々と新商品が利用できて、その旧商品の下取りを流す、中古市場のマーケットが成長するのではないか？　と思っています。

▼三方良し

当社がオフィスの引っ越しを期にラウンジを作りまして、私はバカだから、そのラウンジ全体にコーヒーの香りを一日中撒き散らそうと不遜にも考えました。

（自家焙煎をしているわけではないので、無理だと分かりましたが）

そこで、当時一番良いコーヒーマシンを導入しました。

不遜にも美味しいコーヒーを提供しようと考えました。

当時、コンビニがコーヒーの取り扱いを始めた時と被り、セブンイレブンの最新鋭のマシンと同じものを買いました。

そして、キャッシュで買うとリースやレンタルより安いので、その選択をしました。

ところが、マシンはすぐに古くなります。

今でも（七年以上）そのマシンを使っていますから、もう古いマシンとなりました。

当時、レンタルでマシンを購入していれば、最新機種が出る度に取り替えが可能でした。今ではセブンは、ブルーマウンテンを豆から挽いてくれるマシンに進化しています。すぐ良いものが出る環境では、少々割高でもレンタルの方がユーザーも得をします。すると、売り手よし、買い手よし、です。世間良し、とまでは行きませんが。

▼腕より機械

随分前ですが、顔のシミ取りをしてくれた先生が「うちの機械は古いから、他の新しい機械のところに行った方がいいよ」と親切にアドバイスされたことがあります。今では定期的に顔のシミ取りをしていますが、何日か人に顔を合わせたくないように顔が変貌することはありません。

機械が進化したんですね。

最近身近で真っ赤な顔をして出社して、シミ取りのせいだと言い訳しているのを聞いて、機械が古いんじゃないのとからかったことがあります。（本人は憮然として、高い料金を支払ったと言っていました。でも値段とは関係ないと思うけど、、、。）

▼医療機器は埋め込み型商品（Embedded Finance）の宝庫

いつも疑問に思うのですが、なぜ医療機器にはレンタルが少ないのかと、シミ取りをされながら考えました。

特に美容機器のように、次々と新製品が出る分野では、クリニック側もレンタルにして、次々と新機種が導入できれば、競争力が維持できるし、売る側も埋め込み型商品で、付加価値が取れます。

ちなみに下取りした在庫は、新興国で飛ぶように売れるそうですから、売り手のリスクも少ないです（リース会社に聞きましたら、どうもクレジットリスクのようですが、カネ余りの時代ですのでなんとかなりそうだと思うんですが）。

▼脇役が主役になる！

前述したように、主役と思っていた商品が、金融という脇役に主役を奪われました。

埋め込み型商品だけではありません。

13

ビジネスの主役は、金融

対応策↓すべての企業は金融サービス業になる

もはや金融は経済の潤滑油ではありません。立派な主役です。
でも、経済学には、金融が入っていません。
すると見方がしばしば偏ります。

たとえば、為替。昨今は円安がもっぱらテーマでした。
でも、為替はまず金利で動きました。
そして、それに便乗したヘッジファンドのドル買いです。

これって、金融で為替相場が動く証左ではないでしょうか？

なーんてね（笑）。

▼経済学者と金融学者のデカップリング

これも問題ではないでしょうか？

金融を主にして、経済、ビジネスを考える？

そうしないと、日本は世界からもっと離されるような気がします。


ここからは余談です。

戦後、着物の着付けは脇役でした。主役はもちろん着物を着る人々です。

でも、ビジネス化したのは着付けです。着付け専門の学校です。

私は当時、大手の着付け学院の創業者に「着付けは脇役だったのよ」と聞いたことが、今でも印象に残っています。

タレントだって、脇役もいずれ主役になると思って頑張ります。

脇役が主役になる、これもビジネスにおけるイノベーションの一種なのかもしれません。

CHAPTER 3

これからのビジネス私見

1

勝ち組につくか、負け組に与みするか？

ちょっと前まで、コンビニは山ほどありました。新鮮組というのもありましたね。
でも、今では大手三社に集約されています。
同じフランチャイジーでも、一日の売り上げが本部がどこかで違ってきます。
これからは、そんな減少が、それぞれの業界で起こります。
多くの企業がビジネスエコシステムの中に存在しないと、
食べられない時代が来るのではないか？
そう考えます。

▼エコシステム、プラットフォーム、〇〇経済圏

プラットフォームとかエコシステムという言葉が飛び交い始めて、かなりの時が経ちました。

多くの企業が、大家（プラットフォームマー）と店子で結びつく。

どこの大家に入るか？　ダメな大家か、伸びる大家か、で店子の運命が決まります。

私は「プラットフォームの形成　↓　エコシステムの構築　↓　経済圏＊　↓　独自の通貨（トークン）が出る」。

近い将来、こんな流れになるのではないかな？　と思っています。

▼楽天経済圏

よく言われます。

楽天の歴史は、楽天市場というプラットフォーマーで多くの出店者を集めて、日本のＥコマースでダントツになりました。

創業時の「インターネットを使った対面販売」は有名になったコンセプトでした。

楽天というあえて、日本張りの名前をつけたのも特徴的でしたね。

そして、楽天市場のプラットフォームに加え、証券、金融等次々と楽天エコシステムを構築し

ていきました。

楽天カードを、ほぼ審査なしで発行し、巧みなポイント戦略でカード業界ナンバーワンになりました。

「楽天カードのポイントがあれば現金で食料品を買わなくてもいい」と当時、知り合いから聞いたことがあります。

そして、楽天経済圏の誕生です。

あとは、楽天通貨となるのでしょうか?

＊経済圏は、「〇〇経済圏」のように「〇〇」の部分に企業名を入れて用いられることが多いようです。たとえば「アマゾン経済圏」や「楽天経済圏」というように用いられています。このような使われ方をした場合、「その企業の事業の影響を強く受ける範囲」と理解するのが妥当だと思われます。

ただし、〝範囲〟といっても、地理的な範囲だけでなく、ネット上のバーチャルな空間も含んでいます。理由は、ネット上のビジネスの経済規模が、リアルな社会の経済規模に並びつつあるからです。

2 プラットフォーム＊

自社であれ、他社であれ、プラットフォームにつながっていればビジネスが生まれます。
＊プラットフォームとは「システムやサービス」の「土台や基盤となる環境」のことです。主にＩＴ業界を中心としたビジネス用語として使われる言葉ですが、全てのプラットフォームには「サービスの提供者」と「利用者」を繋ぐための「場を提供する」という大きな役割・特徴があります。

プラットフォームは、次のように進んでいます。
プラットフォーム1、巨大なＧＡＦＡに代表されます。
プラットフォーム2、ホリゾンタル（Horizontal）SaaS＊

プラットフォーム3、バーティカル（Vertical）SaaS＊

▼ホリゾンタル（Horizontal）SaaS

大手では、セールスフォース、法人向け名刺管理サービスのSansanや、クラウド会計のフリー、マネーフォワードなど、クラウドサービスは、身近になりましたね。

これらは、ホリゾンタルSaaSです。

それぞれ、独自のエコシステムを提供し、大家と店子の連携、Win-Winの関係を築きつつあります。

会計業界でも、若い会計事務所は、それぞれがクラウドサービスをベースにＤＸを促進しています。

当社でもこの流れを等閑視しますと、将来の保証はありません。

ただ問題は業界をまたぐので、シェアがとれません。

▼バーティカル（Vertical）SaaS

さて、近い将来は、プラットフォーム3、バーティカルSaaSの時代が来るのではと思っています。バーティカルSaaSは、業界に特化したきめ細かいクラウドサービスができます。業界ごとのサービス提供ですので、プラットフォーマー＊とイネーブラー＊は、あたかも良い大家と良い店子のように一体となって顧客展開、事業展開ができます。

そして、シェアが拡大できます。

勝ち組がはっきりしますから、どのプラットフォーマーに属したかに依って、イネーブラーのビジネスも大きく左右されます。

既にアメリカでは、バーティカルSaaSの時価総額が、ホリゾンタルSaaSを凌駕しています。

バーティカルSaaSは、誰でも参入可能。どの企業にもチャンスがあります。

大中問わず、すべての企業が参加をして、成長することができます。

＊プラットフォーマー

インターネットを通じてサービスやシステムを提供する事業者

＊イネーブラー

他の人の行動に力を貸す人、企業、依存者、企業

＊ホリゾンタルSaaS
ホリゾンタルとは「水平」を意味する単語です。その意味の通り勤怠管理やＭＡツールのような業界・業種に関係なく「人事向け」や「マーケ向け」など特定の職種が使用するSaaSを指します。

＊バーティカルSaaS
バーティカルとはホホリゾンタルの対義語で「垂直」を意味する単語。ホリゾンタルSaaSとの違いは業種ごとに特化した機能を持つ点です。その特性から「業界特化型SaaS」とも呼ばれます。

日本ではホリゾンタルSaaSが主流となっており、バーティカルSaaSはまだまだ黎明期です。

▼プラットフォームがあれば、どこかで儲けられる

たとえば、コンビニ。

「業界が店舗の拡大と共に取り組んでいるのが、他業界ですでにあるサービスの取り込みによる、１店舗当たりの客数拡大である。」（エコノミスト2016/1/19）

代表例が、セブンイレブンの「いれたてコーヒー」や、ＡＴＭサービスです。

ともかく、来店してもらえば、たとえトイレの使用だけでの来店でも、何かを買うはずです。主力商品の売り上げにも貢献します。

小売りは、来店客数の競争です。来店すれば、コーヒーだけでも飲むかもしれません。ドラックストア、調剤薬局チェーンが、食品を扱うことも同じことです。

3 フランチャイズビジネス

伝統的なリアルなプラットフォームはFCです。

フランチャイザー（本部）は、ジー（加盟店）のビジネスをサポートします。

ザーだけが儲かると思いがちですが、巨大な（メガ）フランチャイジーも現れています。

昔ですが、色々なザーに参加しているお客さんに聞いたことがあります。

「立ち上げがとても楽だ」と聞いたことを思い出します。

ビジネスエコシステム*(Business Ecosystem)は、ディスラプション(Disruption＝創造的破壊)
をもたらすか？
これは私の想像を超える話ですが、

「競争の場は業界を超え、新しい時代のディスラプションになる」とのことです。まだ私はピンと来ませんが、なんとなく、DXと対になる可能性はあるんだろうなと漠然と考えてしまいます。

＊ビジネスエコシステムとは、生物・植物が生存のために生態系を形成するように、業種や業界といった垣根を越え、共に成長するために企業同士を結びつける仕組みを指す。（ネットより）

▼タクシー業界を見ると未来がわかる

タクシー業界を見ますと、東京では、GOとS・RIDEの二強の時代になりました。でもデジタルは、地域を問いません。じわじわと日本国内に広がっています。決済で二強時代になりました。決済を一緒にすれば、実質一つの企業体です。先鞭をつけたのは、日本交通の川鍋会長ですが、すごいですね。

▼当社のプラットフォーム

私がプラットフォームに気づいたのは、六〇歳の頃ですから、ほぼ二〇年前になります。

阪急の創業者小林一三翁の、線路を作って沿線開発するモデルがありました。
プラットフォーム理論が出てきたとき、同じだなと思ったのです。
規模は別として、会計事務所もお客さんの基盤がありますので、
これはプラットフォーム理論でいけるな、と思ったんです。
当社のモデルは、不遜にも小林一三モデルです。

▼お客さんの数を増やす

プラットフォームは、長いほうが良い。いろいろ付加サービスが提供できます。

それから、あまり個々の採算性を考えないで、顧客数だけを追う時期がしばらく続きました。

「本郷さんそんな採算の悪いことして増やすの?」「かえって面倒じゃん」と当時友人から言われたこともしばしばありました。

それも一理あるんですが、どうにもとまらない!(笑)

お客さんが増えますとリスクも増しますしね。

地方に事業所を増やして、経営統合を繰り返したのも必然だったのです。

4
七〇歳になって

ちょうどお客さんも一万社になって、区切りだなと思い理事長を退任しました。実は四〇年やったので、飽きたことも原因ですが。次はなにをしようか？

趣味がありませんので、仕事するしかありません。


ちょうど鉄道会社の沿線開発のように、付加サービスを開発しようと考えました。保険、不動産は小さいですが、従来からやっていました。

まず最初に近いと思ったのは、ビジネスコンサルティング業務でした。

トライアンドエラーを繰り返しましたが、やはりアバウトなコンサルティングは中途半端で続きません。

現在は分割して、Ｍ＆Ａと補助金にフォーカスした会社に分かれています。

▼クロコビジネス

経営雑誌を、勉強会（本郷クラブ）で話すネタとして毎月読んでいますが、興味を惹いたのは黒子ビジネスでした。

表に出ない分だけ、ビジネスの優位性があるかな？　と思ったんですね。

▼ディスプレイデザイン会社に学ぶ

そんな時、乃村工藝社さんとか、丹青社さんとか、日本の大手ディスプレイデザイン会社が上場して、関係者から話を聞いたことを思い出しました。

両者は、日本の店舗施工・ディスプレイ業界の二大業者です。

「両社は黒子で、平気でライバル会社から受注できる。三越、高島屋も同業だが、三越は高島屋の仕事ができない、逆もそうです。」

仕事と作業

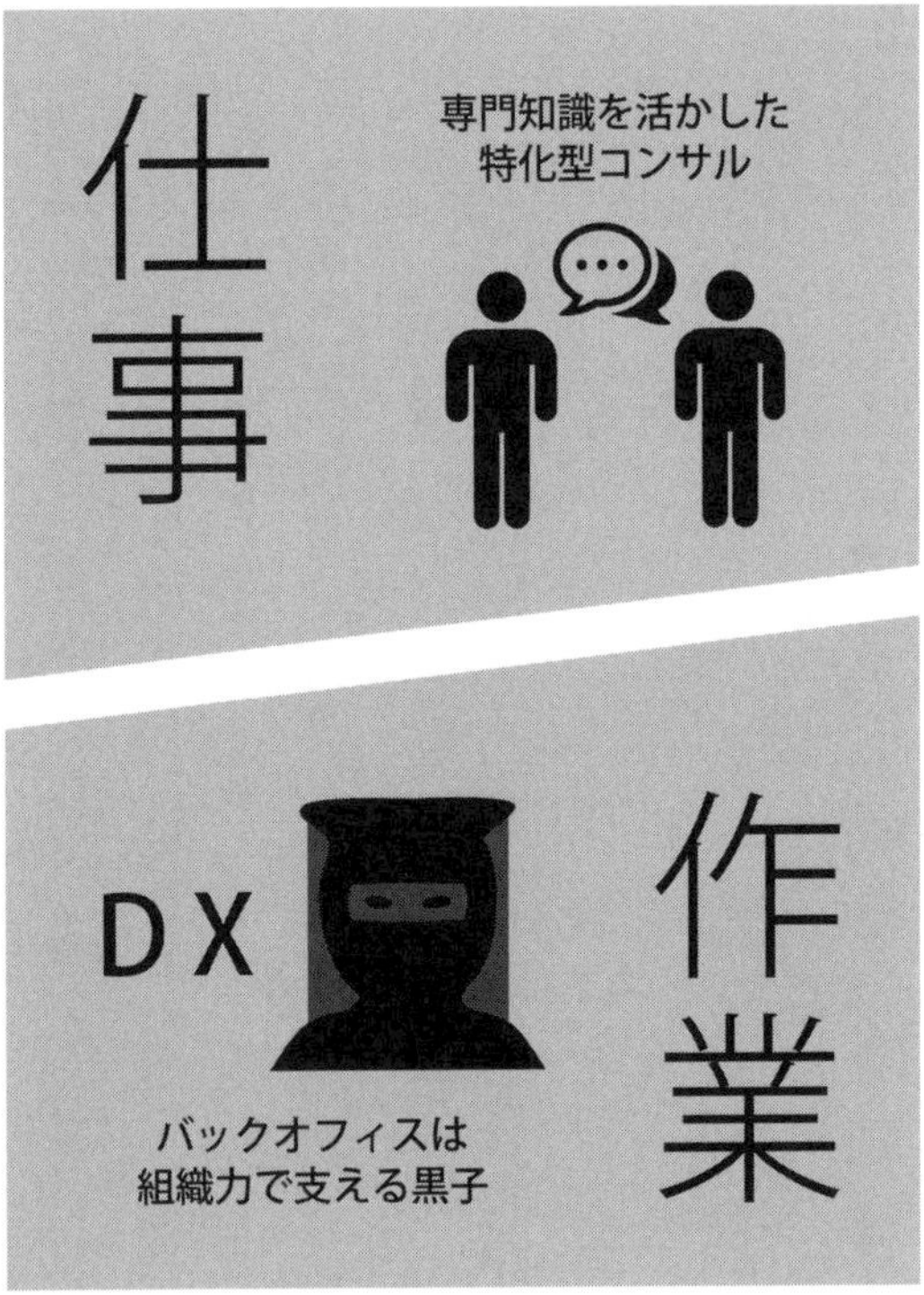
仕事
専門知識を活かした
特化型コンサル
DX
作業
バックオフィスは
組織力で支える黒子

▼バックオフィス

ＩＴの会社も関係会社にありましたので、クラウド会計をベースに、バックオフィスのＩＴ化をサポートする業務も手がけ始めました。

ＩＴ（ＤＸ）で横串をさしますと、ＨＲ、振込、請求書等、隣地拡大ができそうだなと考えていますが、まだまだ出発点に過ぎません。

▼電帳法、インボイス

これも待ったなしです。勝手に電帳法とインボイスは、税務がベースだなと考え、コンサルサービスを開始しています。

▼太陽光ビジネス

ＦＩＴ（固定価格買取制度）が出来たとき、これはビジネスになるとそう思って、当時「太陽経済の誕生」という本を書いた記憶があります。

太陽光のビジネスをやりたいと思っていましたが、当時、税理士法人の代表でしたので、時間をとれず出来ませんでした。

理事長を退任し、しばらくして縁があったんですね。

太陽光に詳しい人と出会い、彼に実行部隊を任せてこのビジネスも手がけています。

今では、そこそこの規模になり、第二ステージへのターニングポイントで大事な時期ですね。

▼ビジネスエコシステム

プラットフォームを関連サービスと連携させる。

大したことはありませんが、やってみるとやはり、エコシステムにぶつかりました。

自社のリソース（経営資源）だけでは、やはり限界があります。

他社との連携、同業との連携が不可欠？

これは、二〇二二年頃からですね。

二〇二三年は他社との連携も重視してビジネスを考えています。

▼エコシステムも人との出会い

他社との連携も大手でしたら、グループ同士とか、比較的連携、提携が容易にできます。

でも、中小は違います。
「ノウハウより、ノウフー」（誰と出会うか？）
私の体験的刷り込みです。
エコシステムの拡大も、中小は人との出会いではないか？　と思っています。

▼商品ごと、カテゴリー別、アイテムごとの方が連携しやすい

これは私の思い込みですが、バフっとした企業連携より、より細かな商品ごと、カテゴリー別、アイテムごとの連携が有効では？　と思っています。

目的が明確で、実践向きだと感じています。

■ 辻・本郷 IT コンサルティング株式会社

■ 辻・本郷社会保険労務士法人

■ 本郷メディカルソリューションズ株式会社

■ 一般社団法人辻・本郷財産管理機構

■ 辻・本郷グローバルファミリーオフィス株式会社

■ 辻・本郷スマートアセット株式会社

■ 株式会社アルファステップ

■ CS アカウンティング株式会社

■ 辻・本郷 M&A ソリューション株式会社

■ 辻・本郷監査法人

■ 辻・本郷弁護士法人

■ 辻・本郷行政書士法人
辻・本郷ビジネスコンサルティング株式会社

辻・本郷グループ ECO SYSTEM

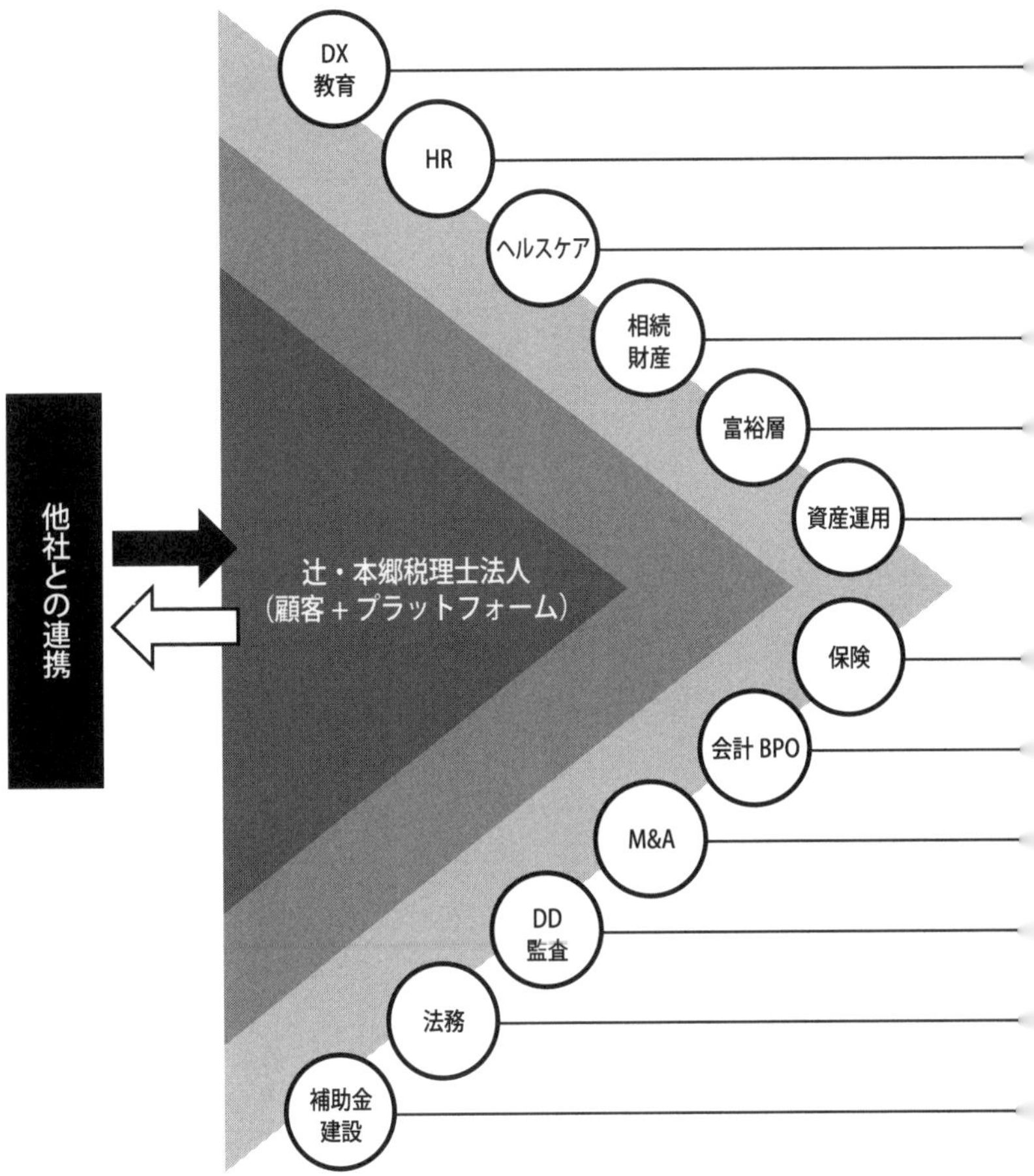

5 組織風土の刷新

何故、今さら組織風土なのか？　と疑問でしょうが、
私は「組織風土の刷新」なしに、これからのビジネスを考えることができないのです。

組織が変わります。

分散化したフラットな組織は、全員が共有している組織文化、風土の醸成が不可欠です。

組織風土で、横串を入れたいのです。

▼経営理念よりも組織風土

私自身、ビジネスモデルを変えるだけでなく、それを機会に組織風土、組織文化を変えたいと思っております。

ミッションとか企業理念とかは、当社の場合根づいていませんでした（私の不徳の致すところです）。

若い時、社員手帳を作って理念めいたものを書きましたが、ダメでしたね。

理念はトップダウンでは無理、というのが、私の体験です。

予備が必要で、社員手帳を総務からもらった時がありました。

辞めた社員のものをスタッフが持参しました。

なんとその手帳は、一ページも開いていませんでした。

どうも私の場合独りよがりだったようで、それ以来理念はトラウマです（笑）。

これも私の仮説ですが、理念よりも組織風土の方式の方が全員共有できるのではないか思っています。

全員経営型の組織風土を作れたなら、と考えています。

▼組織風土は現場から

「『カルチャー』を経営のど真ん中に据える」（東洋経済新報社 遠藤功）という本があります。

組織風土の醸成は現場からです。

私みたいな一人よがりの上からの理念では、真の組織風土はできません。

理想的に言えば、会社のすべてが見える化されている、オープンな組織でないと出来ませんね。

問題は、業績が悪化した時です。

それも覚悟で、全部脱がないと組織風土ができないのでは？

やれやれ！

▼組織風土のロールモデル

「三日勤めたらどこの会社でも勤まる。三か月勤めたら、どこの会社に行っても幹部（当時は番頭）になれる。三年勤めたら自分で商売できる」当時の最大のミシンの卸「東洋ミシン商会」を称して。

「四十歳で五つの会社の社長になる」（船井哲良・ＰＨＰパブリッシング）
リクルート、キーエンス、身近では、船井総研。
「三年勤めたら、商売できる」会社ではないでしょうか？

全員経営、営業マインド、そしてＯＢの起業家の成功率の高さです。

在籍中から、経営マインドが醸成されてるんでしょう。

当社でも社内カンパニー制を作って、模擬カンパニーの実践は経営の訓練にもなっています。

成果は未知数ですが、今年の当社の重点戦略です。

▼全体の二割が変われば、風土が変わる

二、八、の法則を待つまでもなく、二割が変われば、大きな変化が起きるのではないでしょうか？
まず欲をかかず、一割でも良い、こんな気持ちで始めています。

▼社長が変わるたびに成長する

キーエンス、船井総研は、創業者退任の後、定期的に社長が代わっています。

リクルートに至っては、何代代わったか分かりません。

しかも、紙媒体の王者がデジタルの王者に見事変身しました。

船井総研の創業者の船井先生は、私も若い頃、憧れの存在でした。身近で見てましたので、当時、船井先生が引退したらどうなるんだろうと思って心配していましたが、杞憂でしたね。

現在は、社長が代わるたびに、「大丈夫か?」と言われ、前任者より業績を伸ばしています。

リクルートの江副さんもご存じのように、戦後を代表するスーパー経営者でした。

その後、何代サラリーマン経営が続いても、業績が伸び、日本を代表する企業です。

しかもご存じのように、紙媒体の王者にも関わらず、デジタル、オンラインでも大成功しました。

Ｉｎｄｅｅｄ（インディード）の買収そして、発展も見事でした。

▼誰がやっても廻る経営

キーエンスの滝崎武光名誉会長（創業者）は、「誰にでもできる経営」を目指したと言います。

言葉通り業績は、社長が変わるたびに成長しています。

誰にでもできる経営のキーポイントの一つに、私は組織風土を挙げます。

誰でも社長になれる、経営者マインドの組織風土、必要条件の重要な一つです。

CHAPTER 4

天に唾する章

1 日本再生に向けた私のつぶやき

対応策↓美しく死ぬか、しつこく生きるか、それが問題だ！

日本の国力の低下、三〇年続いた長期低落、どちらかというと「日本はもうダメだ」というマゾ的意見でかしましい昨今です。

天に唾する行為ですが、少し私なりに国力再生のシナリオを書いてみます。

専門でもないので、とんでもない的外れになったらゴメンナサイ。

▼日本病の四低

日本の国力は三〇年下がり続けています。

低所得、低物価、低金利、低成長、の四低を日本病と言われています。

それでも不満が表に出ず、政治も安定している不思議な国、日本！

ウクライナの戦争のニュースが、いきなりグルメのニュースに変わります。

北朝鮮のミサイルが通過した後、警報が鳴るという平和で幸せな国です。

なぜ？

▼それでも世界一幸せな国日本

なんたって平和で安全で格差も少なく、物価も安定している国ですから。

ポイ活*も生活に大分貢献しています。

年寄りにも優しいしね。（大分前ですが、米国の老人ホームを訪問したことを思い出します。

施設の老人がペットフードを食べていると聞いて、びっくりしました。）

食事もおいしいし、個人的には日本が一番で、他の国に住みたいとも思いません。

コンビニに行くと、いつでもなんでも手に入ります。そんな国はありません。

（私は、多少は海外を知ってる方で、比較しての意見です。）

▼消費者余剰＊

海外のことは分かりませんが、日本のと言われるＧＤＰの枠外のメリットが大きいのではないでしょうか？

二〇世紀は製造業の時代でした。量産効果で生産者余剰の時代でした。

二一世紀のサービス化社会は、逆に消費者余剰の時代です。

消費者余剰は、日本の国がどこの国より多いし、一番世界でトクしてるんじゃないでしょうか。

＊生産者余剰と消費者余剰

消費者が財を購入する際に、支払っても良いと思う金額から実際に支払った金額の差を「消費者余剰」といい、生産者が財の販売により受取った金額と財の生産に要した費用の差を「生産者余剰」といいます。

▼ポイ活＊

ポイント、マイレージ、うまく使うと、生活費がほとんどかからないとよく聞きます。

他の国は知りませんが、給料が上がらないにもかかわらず、数字以上に生活がしやすい国ではないか？

これは私の仮説です。

ですから、給付金でも貯蓄に回って、消費までいく必要がないのではないかな？

＊ポイ活とは、ポイントを効率よく貯める方法から、ポイントの上手な使い方まで、ポイント活用のテクニックを言います。ポイ活をマスターすることで、家計の負担軽減につながることもあります。

▼ダブルインカム

昔は、お父さんが単体で家庭を支えていましたが、今は、夫婦で稼いでいるのが普通です。

単体で一千万円の所得と、夫婦五〇〇万円×２の所得では、税引き後の手取りが違います。

給料は統計上上がらないが、実質生活は豊かになっているのではと思います。

でも、今のままでは衰退する。
「別にいいじゃん」という人もいますので、余計な事かもしれませんが、
年寄りの冷や水で、再生私案を書いてみます。

2 再生私案

▼着眼大局着手小局*

グランドデザインが不可欠です。

私のモデルはズバリ、アメリカです。

何かを読んでいたら、「アメリカだけは、『成熟国の側面と新興国の側面』があり、それが、成長率の高い要因だ」と書いていました。

そうなんですね。

移民ですが、人口も増えて、毎年高い成長率を維持できています。

＊着眼大局とは、広い視野で物事を全体的に大きくとらえ、その要点や本質を見抜くこと。そ

日本の GDP 比較

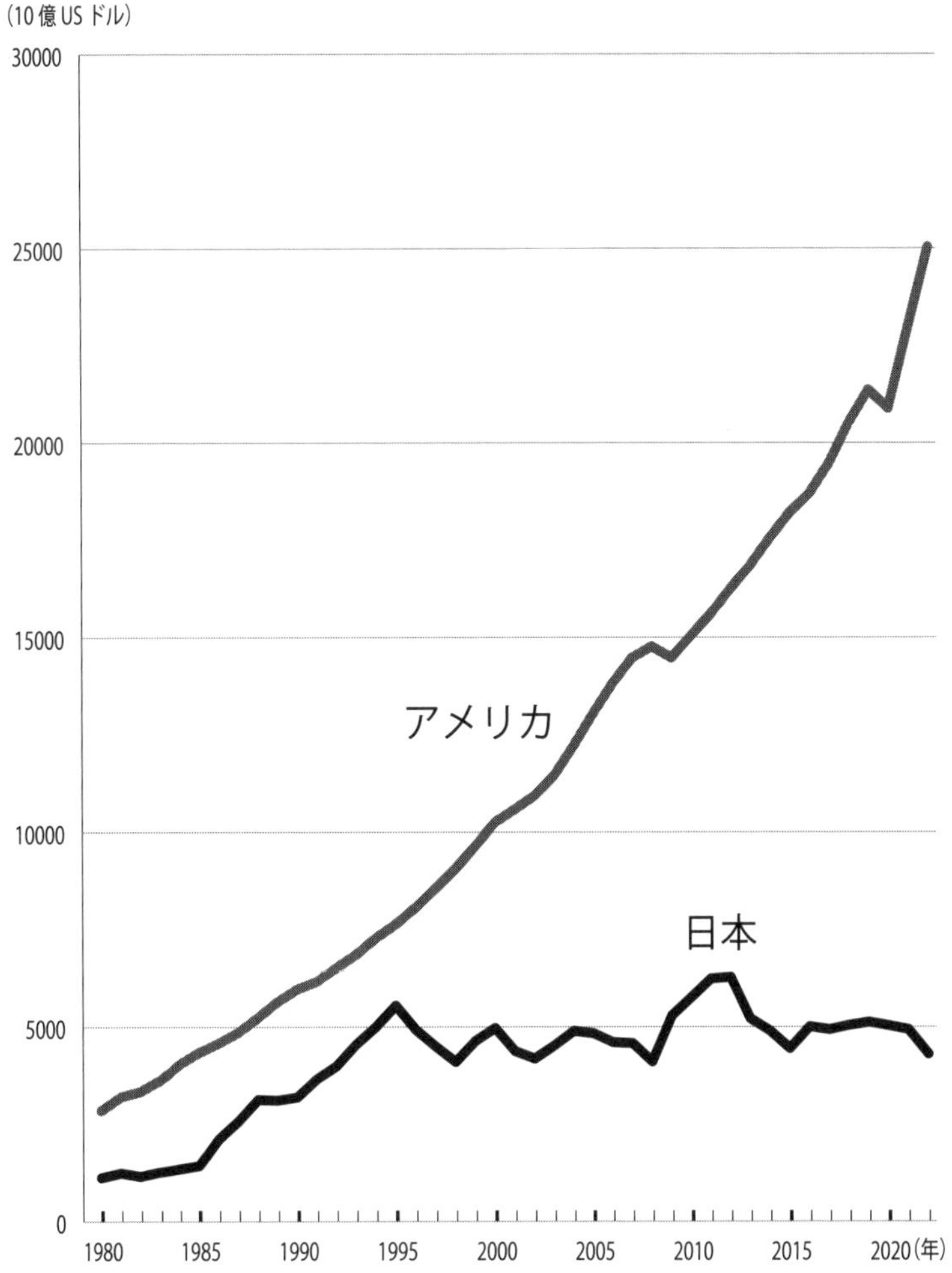
（10億USドル）
30000
25000
20000
15000
10000
5000
0
1980
1985
1990
1995
2000
2005
2010
2015
2020（年）
アメリカ
日本

年	2005	2006	2007	2008	2009
日本	4,831.47	4,601.66	4,579.75	5,106.68	5,289.49
アメリカ	13,039.20	13,815.60	14,475.25	14,769.85	14,478.05
年	2010	2011	2012	2013	2014
日本	5,759.07	6,233.15	6,272.36	5,212.33	4,897.00
アメリカ	15,048.98	15,599.73	16,253.95	16,843.23	17,550.68
年	2015	2016	2017	2018	2019
日本	4,444.93	5,003.68	4,930.84	5,040.89	5,120.31
アメリカ	18,206.03	18,695.10	19,479.63	20,527.15	21,372.60
年	2020	2021	2022		
日本	5,031.62	4,932.56	4,300.62		
アメリカ	20,893.75	22,996.08	25,035.16		

年	1980	1981	1982	1983	1984
日本	1,127.88	1,243.79	1,157.60	1,268.62	1,345.20
アメリカ	2,857.33	3,207.03	3,343.80	3,634.03	4,037.65
年	1985	1986	1987	1988	1989
日本	1,427.35	2,121.25	2,584.34	3,134.18	3,117.07
アメリカ	4,339.00	4,579.63	4,855.25	5,236.43	5,641.60
年	1990	1991	1992	1993	1994
日本	3,196.56	3,657.35	3,988.33	4,544.77	4,998.80
アメリカ	5,963.13	6,158.13	6,520.33	6,858.55	7,287.25
年	1995	1996	1997	1998	1999
日本	5,545.57	4,923.39	4,492.45	4,098.36	4,635.98
アメリカ	7,639.75	8,073.13	8,577.55	9,062.83	9,631.18
年	2000	2001	2002	2003	2004
日本	4,968.36	4,374.71	4,182.85	4,519.56	4,893.14
アメリカ	10,250.95	10,581.93	10,929.10	11,456.45	12,217.18

して着手小局とは、実際に取り掛かるときには、細かなところにも目を配り、具体的に実践していくことです。（ネットより）

▼そのためには制度とシステムの転換が必要

実現不可能な話ですが、
①中央集権から、地方分権（連邦制）へ移行
②選挙を中選挙区制度への転換する
③再生がもっと楽になる

その意味で、橋下徹大阪都構想が実現しなかったのは、私的には残念でした。

全都道府県でヨーイドン、一斉に競争したら、どこか突出して成長する県が出るはずです。

それをヨコテンすれば、全体に広がります。


インターネット、SNS社会では、今の中央集権県単位でも情報の格差がありません。

むしろ、分散型で頑張ったほうが成果が上がります。

▼外資導入

前述したように熊本の半導体工場の誘致だけで、地元は活性化したと言えます。日本はこんなに安いのかと台湾が驚いたという話も聞きました。

相対的に窮乏化している日本は、「マリリン・モンロー・ノー・リターン」の真逆のやり方が必要です。工場のインバウンドもそうです。

人手不足を懸念しますが、給料を高くしますと人は集まります。

▼トップも輸入

橋本龍太郎総理（当時）が、サッチャー英首相（当時）に省庁再編したと自慢したところ、サッチャーから「何人減らせたの？」と聞かれ、絶句したそうです。

省庁をただくっつけただけで、かえってややこしくしてしまいました。

その頃、私の友人は「引退したサッチャーを招聘し、日本の首相にしたら？」と言っていました。

私もいい案だと、思ったことを思い出します。

最後はダメでしたが、日産のゴーン社長（当時）の再建は早かったですよね。

日本人ではそうはいかなかった。

特に生え抜きでは、部下の家族まで知っています。

「こいつはダメだけどしょうがないな？」

こんな感じで、思い切った改革は難しいですよね。

▼中小企業も汗をかけ！

自分を棚にあげて言うわけではないのですが、中小企業も恩典だけを考えるのではなく、やはり、汗をかいてもがくことです。

十年間で経営書の売り上げが半減しました。

昔、経営書に必ず「社長の――。」という具合に、題名の冠をつける著者がいました。

八〇年代にほぼ毎月出版していましたが、一〇万部売れていました。

社長だけが買うのでは、販売部数はたかが知れています。

その題名で良く売れますので、

「なぜ社長のためと特定するのですか？」

と、当時著者の先生に聞いたことがあります。
その時の答えは
「社長は少ないけど、社長になりたい人は山ほどいるからね。」
でした。

今は経営書は一万部売れれば、ベストセラーです。
掃除の本が一〇〇万部売れるのですよ。
ちなみに、私の経営ノートも売れません。
もう私は売るのをあきらめて、好きなことを書くことにしました（笑）。

▼金融経済を取り込め！

シンガポールと新潟県のＧＤＰは三〇年前は同じでした。
でも今、シンガポールはアジアの経済のハブです。
違いは、金融経済の取り込みの差です。
今でも残念なのは、お台場が開発されたとき、金融都市構想があったことです。

羽田に近い、日本は食事が美味しいし、気候が安定してる。

シンガポールは常夏の国です。あの時実現していればと、残念です。

▼ニュービジネスを取り込め

↓ニュービジネスに冷たい日本

ゲーム、アニメ、すべて日本発です。

でも、雲行きがあやしいですね。

日本は先行者利潤も中途半端なうちに、負けそうです。

エンタメ事業にも冷たくて、日本のあるトップスターは「格下に見るんだよね」と、嘆いていました。

もう、エンタメも韓国に負けています。

韓国は国家プロジェクトでやっていますので、敵いません。

サービス化社会が進んでいるにも関わらず、未だ製造業志向です。

これでは、折角のニュービジネスも日本経済に好影響をもたらしません。

▼お父さん手当

物価が上がると、まずお父さんの小遣いが減ります。

先般もテレビで、お父さんのお小遣いが半分になり、趣味の釣りをやめると言っていました。

ですから、ベースアップなんか延々と労組で議論する前に、お父さん手当を出したらどうでしょうか？

お父さんの尊厳も復活できるかもしれない。

▼国も稼げ！

使う名人、稼ぎは増税という国はもちません。

「金融を取り込め」

国も稼ぐべきです。

日銀が買い入れたＥＴＦの出口戦略に使えという人もおります。

私は良い案だと思いますが。

各国はソブリンファンドで稼いでいます。

ノルウェーのソブリンファンド＊は有名です。

＊化石燃料収入を原資として株式への積極投資を行うノルウェー政府年金基金グローバル（ＧＰＦ－Ｇ）は、世界最大のソブリン・ウェルス・ファンドとされる。

米国のアイビーリーグだって、稼いでいます。

▼財務の改善策

国の債務残高を憂う声も大きいですが、社会補償費が膨らむのは当然です。

ですから、プライマリーバランスなんて夢の夢です。

「ＧＤＰを上げろ！」

逆張りでＧＤＰを上げる戦略を考えてみたらどうでしょうか？

当然ですが、ＧＤＰを上げれば相対的に借金のＧＤＰ比は下がります。

また、低成長が続けば税収増も期待できません。

ですから、前述したようにＢＳで稼ぐ（財務、投資）戦略で、成長率を上げるのはどうでしょうか。

3 SDGs

昨今かしましい、ＳＤＧｓに触れますね。

▼環境を教えてみませんか？

甘い囁きが聞こえました。二〇年以上前の話です。

同業の友人が、東大で環境の講師をしており、私に、「東大で教えない？」と。

その時の誘い文句は秀逸でした。

「本郷さん、我々税理士は結婚式に招待されても席は竹だ。でも東大の講師になると結婚式の席は松だぜ。」

ミーハーの私は、ググっときて即座にオーケーしたのですね。

確かに、私の母親が「東大の講師になった」と言ったら、すごく喜んだのを覚えています。大学の入試とか、会計士試験の合格より喜んでいました（笑）。

▼そして、環境の講義

それで、恥ずかしながら、二〇年前から一〇年以上環境の講義を東大、理科大でしていました。何冊か諸作＊もあります。

講義は「環境ビジネス」で教えながら、これをビジネス化するのは大変だなと思っていたんですね。

＊環境関連書籍
『わかる！環境経営　～エコの波をチャンスに変える～』（ＰＨＰ研究所）
『環境ビジネスがあしたを創る』（東峰書房）
『続「環境ビジネス」があしたを創る～太陽経済の誕生か？～』（東峰書房）
『続々「環境ビジネス」が明日をつくる～黄金の10年がやってくる～』（東峰書房）

▼他人事

お金には二種類しかないと言います。

自分のお金か、人のお金か、です。お金の多寡は関係なく、自分のお金には慎重です。

昔、ある大会社の役員さんが、自分のマンションを買うのに、何回も相談に来てたことを思い出します。

その方は、大会社として億単位の決済を毎日行っていました。

自分のお金はかくも大事なんですね。

気候変動、温暖化は将来大問題です。でも、すぐ私たちの命を脅かすものではないのです。

自分事、他人事で言えば、他人事です。

当時、ツバルという南太平洋の国が、温暖化で水没に遭っているニュースを見ていて大変だなーと思った記憶があります。

でも、他人事でしたね。

▼コストが合わない

当時肝入りで、県も関与して、創業したビンの再生工場にも関与したことがありますが、市場価格に対抗できず、見事失敗しました。ですから、

「環境ビジネスは政府や自治体の補助金等の援助がなければ成り立たない」

これは今でも私の刷り込みです。

▼太陽経済が来る！

それでも、講師の終わりかけの頃、経産省から画期的な制度、ＦＩＴ（固定買取制度）が導入されました。

電力の買取価格を固定して、しかも二〇年間価格を政府が保証するという案でした。

最初のＦＩＴ価格は、四〇円／ｋＷｈとびっくりする価格だったのです。

当時これだ！　と思って、いよいよ太陽経済（太陽光経済）来るなんて、ふざけた題名の本を書いたこともありました。

（二〇二二年現在一七円／ｋＷｈ。売電制度が開始した二〇一二年度と比べると半値以下の売電単価です。）

▼現代の花咲じじい！

こんな高額のＦＩＴ価格が出せたのは、当時民主党政権だったからでしょうね。
余談ですが、民主党政権の功績はＪＡＬの再生だけだという人もいますが、
私はＦＩＴの高額買取、二〇年保証、この制度も民主党だから出来たと思っています。
しかも太陽光の敷地の提供は、地方で利用が難しい土地です。
これが、太陽光のパネルを敷いて、膨大な地代を生みました。
地方再生にもつながりました。
私は、太陽光のＦＩＴ制度は、「現代の花咲じじい」だ、と当時思いましたね。

＊ＦＩＴ制度とは、経済産業省が二〇一二年七月に開始した「再生可能エネルギーの固定価格買取制度」のことです。ＦＩＴという名前は「Feed-in Tariff（フィード・イン・タリフ）」の頭文字を取っており、日本語に訳すと「固定価格買取制度」を意味します。海外ではかなり以前から導入されています。

あれから一〇年です。

ＦＩＴ価格も下がり、太陽光というより、浮力発電をはじめ多岐に渡っています。

しかも、ＳＤＧｓ一本かぶりの様相を呈しています。

でも、現実は政府等の補助が無ければ成り立たないビジネスでもあります。

ですから私は、ＳＤＧｓで、今は投資が成り立つのは、少ないのではないか？と思います。

＊持続可能な開発目標
ＳＤＧｓ(Sustainable Development Goals）とは，二〇〇一年に策定されたミレニアム開発目標

＊ＥＳＧとは、環境（Environment)、社会（Social)、ガバナンス（Governance）の頭文字を取って作られた言葉です

＊ＳＤＧｓとＥＳＧの関係性

ＳＤＧｓとＥＳＧは、それぞれがまったく異なるものを対象としています。ＳＤＧｓが対象としているのは、「国」という大きなものから「個人」という小さなものまで、非常に幅広く、これは「誰一人取り残さない」という原則のためです。一方でＥＳＧは、企業や投資家を対象にしています。

終わりに

今年も経営ノートを書きあげました。

少し、自分のことも書こうと思い、題名も「一人称で書いた経営」にしました。

終わりにあたり、

これからの当社（グループ）の取り組みと実践に触れてみたいと思っています。

1 どこ吹くコロナ

対応策↓コロナだけは別だった

▼平等化の四つの騎士

人類が平等化するのは、①戦争②革命③国家崩壊④疫病だとされています。
（『暴力と不平等の人類史』東洋経済新報社　ウォルター・シャイデル）
トマ・ピケティも、二〇世紀は戦争と革命のおかげで平等化したと言っています。
この辺は受け売りです。スイマセン。

▼新型コロナは、格差を是正したか？

これが逆で、超富裕層（特に米国）を作りました。

「数十億円以上の金融資産を持つ超富裕層が世界で拡大している。」

（日経新聞 2022/1/3）

コロナを奇禍として、「どこ吹くコロナ」とリッチは超リッチに変身しました。

疫病の歴史の法則とは真逆の平等化どころか、格差を拡大しました。

▼お金がじゃぶじゃぶ

原因は、超金融緩和です。

そこで、以下の通り私も禁断の木の実をあえて、食べることにしました。

資産運用アドバイスにも乗り出します。

2 資産運用とビジネスの合わせ技（PL・BSミックス）

対応策↓PLで稼いで、BSでも稼ぐ

これって、結構勇気が要ります。

私も大分過去にも損をしましたし、これからもうまく行く保証がありません。

でも、一割経済（九割が金融）の経済です。

金融を無視しては、付加価値の高いビジネスが出来ません。

社長は二つの眼、投資家の眼（BSの眼）、稼ぐ眼（PLの眼）を持てと、たびたびこのシリーズで書いてきました。

資産運用を積極的にやろうと思っています。

▼ファミリーオフィス*

当社でも、ファミリーオフィスの部門を立ち上げ、シンガポールにオフィスを昨年作りました。これから、このビジネスにも力を入れます。

会計事務所は、資産運用のアドバイスは、禁句でした。私も自分でやる分にはいいが、投資で損をした場合のことを考え、躊躇もしていました。うまくいけば良いのですが、失敗すると、バツが悪いですから。

でも、*ルビコン川を渡りました（大げさです）。お客さんだけでなく、自分の運用を実践してみようと思います。

*ファミリーオフィスとは、資産が一定額以上の富裕層を対象に資産管理および運用サービスを提供する組織を指します。

*ルビコン川とは、古代ローマ時代、ガリアとイタリアとの境をなした川。ルビコン川より内側には軍隊を連れて入ってはいけないとされており、違反すれば反逆者として処罰されたが、

ユリウス・カエサルが大軍を引き連れてこの川を渡り、ローマへ向かった。カエサルが「賽は投げられた」と叫び、元老院令を無視してを渡河したという故事から、もう後戻りはできないという覚悟のもと、重大な決断や行動を起こすことをいう。

▼勉強会でも、積極的に資産運用を取り上げる

私が主催する、本郷クラブという勉強会があります。

従来、ビジネスを主体として話していましたが、これからは資産運用に関する内容も積極的に話していこうと思っています。

▼国内に注目

円安で海外投資に眼を向けがちですが、実は今グローバルに日本の資産が安いですから、国内の投資に注目しています。

たとえば、大手企業でバリュー銘柄、配当利回りが高い株なんかに注目します。

実は昨年から、あるメガバンクで利回りが高い株式を購入しました。

▼コストアップを運用で吸収する

これも実践してみます。齢、今年で七八歳です。
こんな不良じじいにお付き合い頂きまして、ありがとうございました。

<著者プロフィール>

本郷孔洋（ほんごう よしひろ）
公認会計士・税理士

辻・本郷 グループ会長。辻・本郷 税理士法人前理事長。

早稲田大学第一政経学部卒業、同大学大学院商学研究科修士課程修了。公認会計士登録。

2002年4月に辻・本郷 税理士法人を設立し、理事長として国内最大規模を誇る税理士法人へと育て上げる。会計の専門家として、会計税務に携わって30余年、各界の経営者・起業家・著名人との交流を持つ。2016年より現職。

東京大学講師、東京理科大学講師、神奈川大学中小企業経営経理研究所客員教授を歴任。「税務から離れるな、税務にこだわるな」をモットーに、自身の強みである専門知識、執筆力、話術を活かし、税務・経営戦略などの分野で精力的に執筆活動をしている。

近著に『経営ノート2022』『資産を作る！資産を防衛する！』（いずれも東峰書房）ほか著書多数。

ほんごうが経営について考えたこと 2023
～インフレ対応型経営とは覚悟の経営である～

2023年4月14日　初版第1刷発行

著者　本郷孔洋
発行者　鏡渕敬
編集　狩野洋一
発行所　株式会社 東峰書房
〒160-0022 東京都新宿区新宿 4-3-15
電話 03-3261-3136 FAX 03-6682-5979
https://tohoshobo.info/
カバーデザイン　松本麻実
本文デザイン　塩飽晴海
印刷・製本　株式会社シナノパブリッシングプレス

ISBN 978-4-88592-227-5 C0034
Printed in Japan